KB267781

3전 2승 1패

3전2승1패

김요 지음

저희 부부의 기도 제목은 늘 한결같습니다.

1. 따스한 가슴

2. 본질 추구

3. 무명의 그리스도인

40대 후반이던 2014년.

저희는 성장한 세 자녀를 두고 떠난 배낭여행 끝에

라오스에 정착했습니다.

파송교회도, 안식년도 없이 12년을 달려온

이 미련한 부부의 여정을 축약하면

'라오스에 물들어'.

그리고 저희는 다음의 정체성을 추구하고 있습니다.

1. 회개의 눈물을 부끄러워하지 않는 이

발로 뛰며 찾은 40여 장애인 가정의 섬김에 자족하던 즈음의 일입니다. 이후 계속 찾다가 만난 장애 가정에 훨씬 더 많은 중증장애인들이 있음을 자책하고, 자신의 안일과 자만과 교만을 후회하며 후원자들에게 용서를 구하는 편지를 띄웠습니다.

2. 농인들을 따스하게 보듬어주는 이

건축을 시작하며 일자리 없던 농인 6명에게 10개월 동안 밥 해먹이고 동고동락하다가 다른 건축 현장으로 떠나보내며 농인들의 마음과 아픔을 이해하고 느꼈습니다. 여전히 '시민농인교회에서 어깨동무를 함께 하는 것이 건축물보다 더 소중하고 감사하다'고 고백하는 부부로, 1시간 넘게 오토바이를 타고 와 예배드리는 농인들을 위해 정성 가득한 식사를

글쓴이는…

직접 준비하고, 농인들 모두를 사랑으로 안아주며 현지 농인 사역자가 마음껏 사역하도록 '큰 나무 그늘'이 되어 주고 있습니다.

3. 장애인을 사랑하며 사역의 현장을 지키는 이

현지 농인 사역자인 '분홈'을 필리핀 '농인성경대학'에 보내 2년 동안 지원하고, 그녀가 라오스로 귀국 후 함께 100명 가까운 농인들을 직접 심방하고 상담한 사역이 현재의 시민농인교회 건축과 예배 공동체를 이루는 자양분이 되었습니다. 96명의 재가(在家) 장애인들을 방문하여 축복해 주다가 다양한 장애 영역 중 한 대상만을 위한 특수학교를 건립하려던 생각을 포기하고, 모두를 아우르는 YO-JO 장애인센터 건축을 3년 2개월 동안 감당하면서 부부가 먼저 3만 달러의 건축헌금을 드린 후, 다른 이들에게 당당히 도움을 청했습니다.

4. 사역을 매일 기록하는 이

하루하루의 사역을 블로그에 기록하고 격월로 보내는 선교 편지를 바탕으로 2020년 《익숙한 두려움》을 출간해 판매 수익 전액을 선축헌금으로 드렸습니다. 성실한 기록의 이유를 묻는 이들에게 저희 부부는 '다음 세대 사역자에게 줄 수 있는 최고의 선물'임을 믿는다고 고백했습니다.

5. 마이너스 건축 재정에도 약속을 지키는 이

양가 어머님의 도움으로 오래전 구입한 600평 땅이 작다고 판단한 '군산 시민교회' 당회가 500평의 땅과 시민농인교회 건축 마중물 기금을 지원했습니다. 이때 저희 부부는 '김요&조성희 왕국을 짓지 않고 하나님 나라를 추구하며, 교회의 규모와 능력을 넘어 지원해 주신 교회에 추가 지원을 요청하지 않을 것'이라고 약속했습니다. 한편, 저희 부부는 2017년부터 우간다, 인도, 우즈베키스탄, 태국, 캄보디아, 한국 등의 미자립 교회 6곳에 매달 10만 원씩 선교비를 나누며 사역을 이어오고 있습니다.

6. 시민농인교회 아동부를 사랑하며 '장애인 가족교회' 창립을 준비하는 이

농인 자녀 중 듣고 말할 수 있는 청인 자녀 6명을 위해 4명의 교사를 모셔 와 2022년 10월부터 아동부를 신설하고 아낌없이 지원하며 미래에 투자하고 있습니다. 또한 저희 부부는 12년 동안 섬겨온 각 장애인 가정의 가족, 친척들을 중심으로 '장애인 가족교회'를 개척하여 농인 교인들과 더불어 더욱 큰 밥상 공동체를 준비 중입니다.

7. 부모가 걸었던 길을 동행하기로 결단한 자녀를 둔 이

22년 동안 시각장애인들과 함께 걷다가 '좋은이웃' 시각장애인 찬양단

글쓴이는…

을 창단하고, 7장의 음반과 1,122번의 찬양 집회, 30회의 '장애 이해&체험 캠프'를 인도하면서 시각장애인의 '배경이 되는 삶'을 살아온 부모의 인생을 보고 자란 사랑하는 두 아들은 현재 라오스 국립대학교에 재학 중입니다. 2029년 하반기 졸업 후 1년간 협업하다가 큰아들에게는 센터를, 둘째에게는 교회를 세습(?)하려고 준비 중입니다. 완전 자립이 불가능한 장애인 사역이고, 안정된 생활을 보장하기 어려운 십자가의 길이지만, 부모가 걸어온 길을 자랑스러워하는 세 자녀를 두고 있습니다.

최근 들어 저희는 은퇴 전 장애인 직업재활 분야의 사역을 모색하다가 앞으로의 핵심 과제를 다수의 중증장애인을 고용한 YO-JO 카페와 농인이 주축인 YO-JO 세차장으로 정했습니다. 더불어 가족들로부터 외면받는 친구들을 위한 장애인 그룹홈도 고려 중입니다. 하지만 현재 안고 있는 건축 빚에다 센터와 교회 운영조차 빠듯한 살림을 고려하면, 상식을 벗어난 비엔티안의 땅값과 건축비 등은 도저히 도전할 엄두가 나지 않습니다. 한 개인의 역량을 벗어난 이러한 비전 실현을 위해서는 한국 대형 교회나 교단 총회, 기업, 라오스 정부의 긴밀한 협력과 도움이 필요합니다.

그런 저희 부부가 이 책 제복을《3전 2승 1패》로 정한 이유가 있습니다. 저희의 다음 발걸음을 생각하면 '우리 부부의 역할은 여기까지인가?'

라는 왠지 모를 '의문의 1패'를 떠안은 듯한 느낌 때문입니다. 하지만 아직은 패배를 인정하고 싶지 않습니다. 이러한 절벽 앞에서 또 다른 희망을 꿈꾸며 저희 부부의 라오스 이야기를 시작해 보겠습니다.

글쓴이는…

❀ 서문

몸으로, 삶으로 쓰기 위한 약속

저희는 '안동 촌놈 책 읽기'라는 블로그를 통해 독서 후기를 기록하시는 김종규 의사 선생님과 2014년 라오스공항 근처 민박집에서 인연을 맺은 후, 지금까지 깊은 교제를 나누고 있습니다. 그분은 많은 독서를 통한 깊은 내적 성찰과 인간 생명 존중에 대한 예의를 가지신 분으로, 절로 존경심을 갖게 됩니다. 서로 블로그를 통해 근황을 엿보던 2024년 5월, 제가 선생님의 독서 후기에 댓글을 달았습니다.

"(중략)《눈부신 심연》이란 책이 좀 더 읽히면 도움이 되겠지만, 요즘 누가 책을 읽고 앉아 있겠나!"라고 쓰셨더군요.

"저도 그중 한 사람임이 부끄럽습니다"라는 제 댓글에 선생님은 이렇게 글을 남겨주셨더랬습니다.

"잘 지내시지요? 김 선생님이야 몸으로 책을 쓰시는 분이신데요~ 뭐."

깊은 생각에 잠기게 하는 촌철살인(寸鐵殺人)의 한 문장이었습니다. 그분 말처럼 그럴듯한 말과 글은 잠깐의 유혹, 미혹, 현혹은 가능하나, 지속 가능한 생명력으로 진솔한 감동을 전하는 것은 불가능합니다. 이 책은 몸으로, 삶으로 책을 쓰기 위한 저와의 약속입니다.

✿ 들어가며

왜, 이제 오셨어요?

1999년생으로 근이양증[1]을 앓고 있던 '떰'. 1:1 결연 후원금[2] 지원 차 그저께 방문했을 때만 해도 별일 없었는데, 어젯밤 하늘나라로 갔답니다. 지금 장례식장에 갑니다. 언제 부르셔도 크게 이상하진 않지만, 고되고 힘겨운 생을 마감한 이때, 더 많이 손잡아 주지 못하고 그리스도의 사랑을 더 건네주지 못한 아쉬움에 눈물이 흐릅니다. 장애인센터 완공을 향해 나아가지만, 그것이 목표가 아니기에 더욱 장애인을 안아주는 일을 게을리하지 않으리라 다짐합니다.

---

01. 근이양증(Muscular Dystrophy): 운동기를 약화시키고 운동 능력을 방해하는 근육병증으로 근육퇴행위축이라고도 합니다. 점진적으로 골격근이 약화해 근육 단백질이 결핍되어 근육 세포와 조직이 괴사하는 특징이 있습니다. 가슴 아프게도 '떰'의 누나를 제외하고 2014년, 2017년생 남동생 두 명도 똑같은 뒤센형(Duchenne) 근이양증입니다.
02. 1:1 결연 후원: 한국에서 매달 3만 원씩 보내주시는 개인 후원자와 라오스 장애인이나 농인 자녀들을 연결하여 생계비, 학비 등으로 사용하는 지원제도. 2017년부터 자체적으로 만들어 운영하고 있습니다.

2022년 올해만 농인 2명, 장애인 3명이 하늘로 떠났습니다. '떰'은 저희가 장애인 가정 40곳을 섬기며 시민농인교회를 건축하고 있을 때, 매우 잘하고 있다는 자만 속에 빠졌을 즈음, 두 번째 변곡점에서 찾아낸 가정입니다. 첫 방문에 '떰'은 제게 눈빛으로 이렇게 말하는 것 같았습니다.

'선생님, 왜 이제 오셨어요?
쌤이 아니면 누가 우리 손을 잡아 주나요?'

그 눈빛 하나가 우리의 사역을 96개 가정으로 넓히는 불씨가 되었습니다. 힘에 부치지만, 선임 직원 '누'에게 연말부터 다시 장애인 가정을 찾아

들어가며

나서자고 말했습니다. '떰'은 제게 교만을 꺾고 사랑을 다시 배우게 한, 자만과 자족의 늪에서 벗어나게 한 인생의 스승입니다. 저는 녀석의 시신 옆에서 다짐했습니다. 또 다른 너를 찾을 테니 도와달라고, 그리고 교만하지 않고 하나님이 부르시는 날까지 더 뛰겠노라고.

정녕 이제서야 라오스에 뿌리내리며 그분의 마음을 품기 시작하나 봅니다.

– 2022년 12월 17일, '라오에 물들어' 블로그

'떰'보다 4개월 앞서 2010년생 '분미'도 떠나보냈답니다. 센터에 왔더라면 무척이나 좋아했을 '분미'의 집 앞을 지날 때마다 장례식에서 눈물 흘리며 약속했던 다짐이 생각납니다. '어떤 어려움이 있더라도 반드시 너희들이 마음껏 뛰노는 작은 천국을 만들어 줄게'라며 마음을 다잡던 결심 말입니다. 이제 그들의 눈빛을 기억하며 저희가 왜 이 길을 걷는지 잊지 않기 위해 이야기를 써내려가려 합니다.

CONTENTS

01장

몰입할 수 있어 감사한 삶

02 장 누구도 예외 없는 '가야 할 때'

03 장 사랑하면 보입니다

CONTENTS

04장

수화가 들립니다

05장

부르지 않아도 닿아야 할 곳

1장

몰입할 수 있어 감사한 삶

저희가 진심으로 기쁜 것은
지어진 건물의 시각적인 아름다움보다
건축 과정에서 고백하게 되는 하나님의 은혜입니다.
건물의 견고함 너머, 그 안에서 이루어질 공동체의
하나님 나라를 꿈꾸는 희망입니다.

걱정, 근심, 불안이라는 녀석들의 특징이 있습니다.
한 놈만 오지 않습니다. 또, 한 번만 오지도 않고요.
이 녀석들은 연쇄적으로, 떼로 몰려듭니다.
그래서 낙심하게 되지요.
그럴 때마다 저희는 'YO-JO 장애인센터'에
라오스 장애 이웃들이 와서 환한 미소를 짓고 함박웃음을 쏟아내며
하나님을 맛보아 알고 누리는 그날을
늘 소망하고 기대합니다.
예기치 못했던 '시민농인교회'를 세워주신 하나님, 고맙습니다.
센터를 통해서 영광 받으실 주님, 사랑합니다!
그리고 평생을 장애인 복지와 선교에 '몰입할 수 있는 삶'을 살게 하신
나의 하나님을 전심으로 찬양합니다.
건축한다는 핑계로 96 장애 가정의 돌봄을 소홀히 하지 않았습니다.
생일은 더욱 정성스레 섬겼습니다.
건축 때문에 힘들다는 이유로 농인 교인들을 허투루 대하지 않았습니다.
식사 준비는 저희의 '또 다른 예배'였습니다.
하나님께서 이 모든 것을 아시기에
긍휼히 여기시며 친히 인도하고 계십니다.

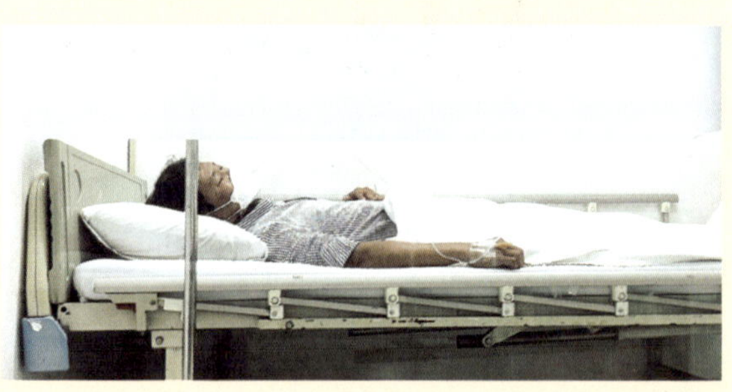

①

누군가에게 부러운 삶을 살아간다는 것

2024년 1월 15일, 한 달 동안 라오스에 머물렀던 강남대 특수교육학과[3] 학생들을 배웅하고 새벽 3시가 되어서야 잠이 들었습니다. 블로그를 열어보니 긴 편지가 와 있네요. 읽다가 홀로 눈물을 흘리고 끝내 울었답니다. 더 좋은 어른으로 살아가도록 정성을 다하겠습니다.

센터장님, 안녕하세요.

라오스 해외 봉사단원 강남대 특수교육학과 양민영입니다.

드리고픈 말이 너무 많아 비행기에서의 지루한 시간을 이용해 메모장에 몇 자 적어봅니다. 저에게 있어 한 달간의 라오스 생활은 매일매일 행복하지 않은

---

03. 강남대학교 특수교육학과는 4년 연속 국립국제교육원의 '단기 해외 특수교육 봉사단'에 선정되어 2023.1.2~28 / 2023.12.19~2024.1.14 / 2025.1.11~2.6 / 2026.1.10~2.5 이렇게 4차례 'YO-JO 장애인센터'를 방문, 특수교육의 불모지에 씨앗을 뿌리고 특수교육 체계의 기틀과 전기를 마련해 주었습니다. 센터 교사들의 역량을 강화하는 데 동기를 부여하고, 교육 모델이 되어 준 모판과 같은 학교입니다.

날이 없었습니다. 농학교에서 아이들이 줄지어 저희를 환영해 주던 순간도, 그 아이들과 수업하고, 춤을 추고, 게임을 하고, 작별하던 순간들도 그리고 YO-JO 장애인센터에서 '종합선물세트' 같은 장애인들과 함께 어울리고 웃고 울었던 모든 시간이 행복했습니다.

그리고 센터장님께 참 많이 배웠습니다. 장애인을 향한 열정과 사랑을 온몸으로 살아내시는 분이셨고, 누구보다도 그들의 입장에서 생각해 주시는 분을 만날 수 있어 영광이었습니다. 순회 교육 날 센터장님의 마음을 직접 엿볼 수 있었던 것 같아요. 포장도 되지 않은 그 울퉁불퉁한 흙길을, 그것도 여기저기 온갖 곳들에 흩어진 장애인들을 한 명 한 명 찾아내고, 그들에게 특별한 하루를 선물하고자 센터를 만드신 그 열정과 마음이 오래도록 잊히지 않을 것 같습니다.

저는 아직도 중증장애인의 날에 수영하고 캠프파이어를 하며 춤추던 날이 생생합니다. 그날 저는 '껜쑤린' 언니와 하루 종일 함께 했는데요. 누워 있는 언니에게 죽을 떠 먹여주고, 함께 수영하고 물을 뿌리며 놀았던 날이 참 눈부신 하루였던 것 같습니다. 그날 언니의 어머니께서 언니 손을 잡아달라고 하시더군요. 그래서 틈날 때마다 언니의 마른 손을 잡았는데, 그때마다 활짝 웃어주던 모습이 잊히질 않습니다. 그 손의 온기 한 번, 마주 보는 미소에 한 번씩 웃어주던 모습이 오래도록 그리울 것 같아 차에 탄 언니를 배웅하며 눈물도 조금 흘렸습니다. 언니와 함께 했던 수영이 센터장님의 오랜 바람이셨죠? 언니가 튜브에 앉아 발에 물을 적시며 물총을 맞고 햇볕을 쬐며 행복해하던 모습도 아마 평생 잊지 못할 것 같습니다.

사실 캠프 날은 준비 과정에 있어 만족스럽지 못한 일정이었습니다. 제가 캠프 날 프로그램 담당자였지만 이것저것 부족한 점들이 너무 많이 보여 참 아쉬움이 많이 남던 일정이었는데, 사랑하는 아이들과 함께 수영할 수 있어 진심으로 행복했고, 그들과 함께 같은 음악을 듣고 같은 춤을 추며 같은 감정을 나누던 캠프파이어 시간은 '딱 지금 죽어도 여한이 없겠구나'라는 생각이 들더군요. 무섭도록 행복하고, 눈물 나게 감사한 하루였고, 그때만큼은 교사와 학생이 아닌 모두 이 분위기를 즐기는 한 공동체로서 함께 할 수 있어 말로 형용할 수 없을 만큼 행복했습니다.

두서없이 쓴 제 모든 행복한 날들이 모두 센터장님 덕분이라 뭐라고 감사 인사를 드려야 할지 모르겠습니다. 평생 잊지 못할 기억이라는 걸 저는 보통 그 순간이 지나간 후에 깨닫곤 하는데요. 라오스에서 사랑하는 우리 장애 학생들과 보낸 모든 시간은 매 순간 '아, 지금을 평생 잊지 못하겠구나!'라는 생각이 들었던 것 같습니다.

평생 잊지 못할 값진 경험할 수 있도록 큰 도움 주셔서 온 마음을 담아 인사드립니다. 진심으로 감사했습니다. 정말 빈말이 아니라, 앞으로 인생의 어려움이 닥칠 때마다 저는 라오스에서 보낸 시간을 떠올리며 힘을 낼 것입니다. '아, 내가 이만큼 사랑을 받았었지', '아, 나는 이렇게 사랑할 줄 아는 사람이었지', '아, 나는 이만큼 이 사람들을 사랑했지' 하고 회상하며 힘든 시기들을 잘 견뎌보겠습니다.

그래도 정 안될 것 같으면 어느 날 문득 블로그에 댓글로 찾아뵙겠습니다. 저 라오스 비행기표 샀으니, 센터로 가도 되냐구요. ㅎㅎ

제 배경 화면은 사랑하는 '바비'와 함께 한 사진입니다. 내일도 모레도 바비를 비롯한 아이들을 볼 수 있는 센터장님이 참 부러운 밤이네요.

늘 건강하고, 행복하시길 기도하겠습니다. 감사합니다.

귀국 후에도 소식을 나누며 애정 어린 눈으로 SNS를 통해 아이들을 지켜보던 양민영 학생은 작년 4월, 자신의 생일을 맞아 아이들과 사랑을 나누고 싶다며 맛있는 케이크를 후원했습니다. 그리고 2026년 1월, 초등 특수교육 임용고시 인천 지역 수석 합격의 영예를 차지했습니다. 강남대 특수교육학과에는 '라오스 교육 봉사 다녀오면 임용고시에 합격한다'는 미담이 뿌리를 내리고 있답니다.

최고의 칭찬

2023년 12월 마지막날, 사랑하는 김용화 장로님과 강명희 권사님 두 분이 아들과 며느리, 손녀까지 대동해 함께 방문해 주셨습니다. 손녀인 '지안'이가 시민농인교회와 YO-JO 장애인센터[4]를 다 둘러보고 대뜸 이렇게 이야기했습니다.

"장애인 친구들이 여기 오면

장애가 있다는 것을 깜빡하고 잊어버릴 것 같아요."

제가 살면서 들어본 최고의 찬사였습니다. 제가 꿈꾸던 나라이며, 그곳이 바로 하나님 나라거든요. 총명하면서도 예쁜 미소를 머금은 지

---

04. 많은 이들이 'YO-JO 장애인센터'에서 '요조(YO-JO)'가 무슨 뜻이냐며 늘 궁금해합니다. 사회주의 국가에 서 기독교가 연상되는 단어를 붙이기보다는 라오스인들이 편하게 발음할 수 있도록 저 김요의 이름인 '요' 와 아내 조성희의 성인 '조'를 붙여서 지었다고 하면 다들 싱겁다며 피식 웃습니다.

안이는 어디에서든 사랑을 받을 것입니다. 사랑스러운 지안이에게 망고잼과 작은 'I love you' 목각을 선물했더니 잠들기 전에 이걸 만지며 장애인센터를 위해 기도해 준다고 합니다. 저 역시 지안이를 평생 잊지 못할 것입니다.

'지안아, 사랑해~

그런데 지안아,

그 장애인 친구들의 미소를 위해 누군가는 십자가를 메야 하는데,

그게 선생님이라서 너무 기쁘지만,

때론 힘들기도 하니 꼭 기도해주렴.'

3

결국, 한국이었다

2014년 11월부터 정착하여 살다가 매달 내는 월세 300달러가 너무 아까워 2016년부터 무작정 땅을 찾아 나섰습니다. 처음부터 시내가 아닌 외곽에 자리 잡고 장애인들을 찾아 나섰기에 땅 가격을 최우선으로 고려했습니다. 그러다가 2016년 6월 14일, 새로 개발되는 주택단지에 어머니와 장모님의 도움을 받아 600평을 계약했습니다. 심사숙고 후 결정한 최선의 노력이었고, 그분의 인도하심을 믿기에 어떠한 후회도 하지 않기로 했습니다. 배낭 하나씩 메고 온 터에 무엇을 원망하고 아쉬워하겠습니까? 그저 감사, 감사, 또 감사하자고 다짐하며 '빈손인 우리가 감당할 수 있을까?' 하는 의구심과 불신이 가장 큰 적이라고 스스로 용기를 내었습니다. 나아가는 방향성과 본질만 생각하면 될 일이라고 생각했습니다. 맨몸, 빈손, 내려놓음 때문인지 두렵지 않았습니다.

건널 수 없는 강을 넘었기에 마지못한 선택이 아닌 새로운 도약의 기쁨이 넘치는 도전이길 기대하며 본격적인 행보를 시작했습니다. 황무지 같은 땅에 망고 묘목을 심었는데, 건기에는 펌프로 끌어올린 지하수로 물을 주고, 잡초 제거를 위해 주 2회씩 찾아갔습니다. 그러면서도 600평 땅에 2층으로 된 농인교회와 장애인센터를 구상하며 그림을 그려나갔습니다. 사택을 3층에 올려야 할 정도로 공간이 매우 좁았습니다.

2018년 2월, 군산 시민교회 당회에서 단기 선교팀 파송을 위한 답사를 오셨습니다. 새로 산 땅에서 기도하며 향후 계획을 논의하던 중, 고정곤 장로님께서 협소한 땅이 비전 실현의 걸림돌이 될 수 있으니 대지 추가 구입을 위해 기도하자고 말씀하셨습니다. 그분의 큰아들 석영이도 발달장애를 가졌기에 더더욱 저희의 발걸음을 격려해 주셨습니다.

코로나19 팬데믹 기간에 부지런히 황무지를 개간하던 어느 날이었습니다. 저희는 바로 옆에 있는 반듯한 토지를 소유한 주인이 나무로 된 매물 광고용 푯말을 세우는 모습을 보고 급히 달려가 흥정을 시작했습니다. 전에도 가격을 물어본 적이 있는데, 팔 생각이 없다며 단칼에 거절하던 주인이 코로나19로 은행 대출이자가 밀리자 급매로 내놓은 것입니다. 최초 매입 가격과 거의 비슷한 파격적인 금액이라 군산 시민교회에 알렸더니 얼마 후 답신이 이렇게 도착했습니다.

샬롬, 평안하시죠?

아무쪼록 이 기회를 통해서 조금 더 하나님을 향한 신앙의 뿌리가 깊어지고 단단해지길 소망하며 기도합니다. 함께 기도해 주세요. (중략) 어려움 가운데서도 라오스 농인교회 건축헌금을 위해 온 교우들이 기도하며 협력해 주셔서 건축을 시작하게 하신 하나님께 감사와 영광을 올려드립니다.

1. 군산 시민교회가 최초 라오스 시민농인교회 건립을 위해 정한 에신은 7,000만 원이었습니다. 그래서 예산만큼만 지원을 하자는 의견도 있었습니다.

2. 그러나 최종적으로 이번 주일에 건축 지원 금액을 총 9,000만 원으로 결정했습니다. 1차 대지 매입비로 4,000만 원을 먼저 보내드리고, 나머지

5,000만 원은 설계 도면이 나오고 교회 건축을 시작할 시기인 2차(3,000만 원)와 내년 공사가 중간쯤 진행된 후인 3차(2,000만 원)로 나누어 보내드리기로 했습니다.

3. 건축하는 데 넉넉하지는 않을 거라 생각됩니다. 하지만 처음 선교사님과 함께 이야기를 나누면서 욕심내지 않고 그에 합당한 건축을 하겠노라 하셨기에 이렇게 솔직하게 말씀을 드립니다.

4. 한 가지 기억해 주셨으면 하는 것은, 올해 재정이 전체 예산에서 80%가 되기도 어려울 것 같습니다. 이것은 모든 한국 교회의 현실입니다. 그러나 전체 예산의 1/3을 건축헌금으로 내어 드리는 저희 교우들의 최선을 다하고자 하는 마음을 헤아려 주시고, 그 마음을 기쁘게 받아주셨으면 좋겠습니다.

5. 아무쪼록 계획하고 진행해 가시는 일에 성령 하나님께서 함께하시길 기도합니다.

– 군산 시민교회 올림–

땅을 사면 담장부터 쌓는 라오스 문화에 따라 2018년 3월, 트럭 130대 분량의 흙을 메우고 담장 공사를 시작했습니다. 그리고 심어놓은 망고와 아보카도 묘목을 소떼로부터 보호하기 위해 2019년 1월, 대문 공사까지 마쳤습니다. 파송교회 없이 배낭여행 중에 선택한 이곳에서 제법 규모 있는 건축을 시작한다는 것은 정녕 기적이며, 전적으로 주의 은혜입니다.

오래된 교회 역사에 비하면 규모 면에서 크진 않지만, 군산 시민교회 예배 공동체의 크고 넓고 깊은 선교적 헌신과 진실한 장애인 사랑에 깊이 감동해 편지를 썼는데, 그 내용을 2020년 10월 마지막 주일 주보에 실어주셨습니다.

이상한 새(Strange Bird)

싸바이디!

코로나19가 초래한 전 세계의 '경제 빙하기'로 인해 올해 재정은 전체 예산에서 80%가 되기도 어려울 것 같고, 이것은 모든 한국 교회가 직면한 현실임을 압니다. 그러함에도 전체 예산의 1/3을 선교지의 건축헌금으로 기꺼이 내주신 시민교회 교

우분들의 '최상의 섬김'의 헌신을 저희가 왜 모르겠습니까! 저희가 대체 무엇이라고 이토록 넘치는 사랑을 부어주시는지요.

누군가는 어려운 고비가 지나고 도와도 늦지 않을 거라고, 어떤 이는 아프리카에 교회 몇 개는 세울 금액이라고, 이 힘든 시기에 왜 우리여야 하느냐며 또 다

른 의견들이 있을 줄 압니다. 그래서 더더욱 바짝 긴장하며 라오스 '시민농인교회'에 하나님 나라가 임하도록 저희 부부가 한 알의 밀알이 되어야 합니다.

마틴 루터는 그리스도인들의 애칭이 '이상한 새(Strange bird)'여야 한다고 강조했습니다. 절망의 시간에 확신의 노래를 부르는 새, 원망의 때에도 감사의 기쁨을 부르는 새, 슬픔의 시절에 믿음의 감격을 노래하는 '이상한 새!'. 이 아픔의 시절에 함께 만군의 여호와를 노래하는 '이상한 새'들의 합창이 군산과 비엔티안에 아니 그 울림들이 전 세계로 퍼져가길 소망합니다.

– 라오스 '시민농인교회' 김 요&조성희
무명의 그리스도인 올림

그렇게 해서 저희는 드디어 2020년 10월 19일, 3년 2개월이 걸릴 거라곤 꿈에도 모른 채 본격적인 건축을 시작했습니다.

4

2022년 4월의 눈부신 벚꽃 향

코로나19 팬데믹 기간 중 건축을 진행하며 여러모로 어려움이 컸습니다. 하지만 그보다 더 마음이 아팠던 사건이 있습니다. 사랑하는 군산 시민교회 김두홍 담임목사님께서 백신 부작용 탓에 길랑–바레 증후군[5]으로 2021년 6월 15일, 전북대병원 중환자실에 입원하신 것입니다. 24일부터 아주 미세하나마 회복되었는데, 무엇보다 인공호흡기를 떼고 자가호흡을 하는 것이 당면 과제였습니다. 그래서 8월 17일, 예수병원으로 전원하여 손상된 신경과 줄기, 근육 등 재활 치료에 들어갔습니다.

힘겨운 소식을 들은 라오스에서도 침통함에 눈물을 흘리며 매일 함께

---

05. Guillian–Barre syndrome(급성 염증성 탈수초성 다발 신경병증)으로 불립니다. 희귀한 자가면역질환으로 우리 몸안의 면역 체계가 실수로 말초신경의 일부(주로 신경을 둘러싼 보호 수막인 수초)를 공격하여 염증을 일으키고 손상을 주는 질환입니다. 이로 인해 신경이 제 기능을 못하여 근육 약화나 마비 등의 증상이 나타납니다. 70~80%의 환자는 일상생활로 복귀하지만 경미한 후유증이 남거나 회복에 수개월, 수년이 걸리기도 하며, 일부 환자는 영구적인 근력 약화나 감각 이상이 남을 수도 있습니다.

기도했습니다. 그 가슴 시리고 먹먹한 과정들을 어찌 우리가 상상이나 하겠습니까. 곁에서 사랑의 눈물과 헌신의 땀방울로 매일 울고 계실 사모님이 가장 큰 걱정이었습니다. 드디어 애가 타던 라오스에 10월 15일, 사모님의 소식이 도착했습니다.

한 걸음 한 걸음 순종하며 걷는 걸음, 주님께서 인도해 주시고 계심에 감격합니다. 삼키는 능력이 괜찮아서 미음에서 죽으로 식사가 변경되었습니다. 계속 훈련하고 있답니다. 14시간에서 이제 48시간까지 호흡기를 떼고 지내다 피 검사를 했더니 이산화탄소 검사 결과도 괜찮고 산소포화도 유지도 잘되어서 아예 떼기로 했습니다. 다음주에 발성 캐눌라(Speaking Cannula)로 교체합니다.

'기립성 저혈압'으로 앉는 것, 휠체어에 옮겨 타는 것, 재활 치료실 이용 등이 매우 조심스럽습니다. 천천히 한 가지씩 해나가겠습니다. 마비와 통증이 지속되고 있어서 이제 손과 발이 퉁퉁 부어오르기도 합니다. 오늘로 4개월간 연결하고 있던 호흡기, 콧줄, 소변줄, 링거줄이 모두 제거되었습니다.

여기까지 인도하신 하나님께 감사드리며 오늘도 눈물의 기도로 온 마음으로 함께 해주심에 감사드립니다.

이어서 성탄 인사도 도착했습니다.

샬롬! 재입원하고 본격적으로 재활이 시작되었습니다. 강도가 높아져서 적응하느라 고된 한주였지만 하루하루 감사히 잘 보냈답니다. 다음 주에는 호흡 평가 결과가 좋아서 목에 끼고 있는 캐뉼라를 빼기로 했습니다. 날마다 협력하여 선을 이루게 하시는 주님의 손길에 감사드리며 기쁘고 복된 성탄 되시길 기도합니다.

하루하루 얼마나 힘드실지 마음이 안타까운 중에도 큰딸 하늘이가 전에 라오스에 와서 만났던 뇌병변장애가 있는 '람응언'을 돕고 싶다며 장학금 감사헌금을 보내왔습니다. 가장 필요한 침구류를 선물하고 착한 누나의 마음을 전하니 녀석이 너무도 행복해합니다. 병상의 아픈 아빠의 모습 속에서도 장애가 있는 라오스 이웃을 떠올린 하늘이의 마음이 너무도 기특합니다.

2022년 4월 12일, 사모님의 일기에 가슴이 벅차오릅니다.

고마와요♥

남편에게만 집중하여 살아온 10개월의 시간. 손과 발이 되어 주어야 하는 일이 아직 남았지만, 한가지씩 혼자서 하는 일들도 늘어가고 있다. 하루 중 재활치료를 받는 가장 중요한 일을 위해서 휠체어를 태워 이동하고 워커를 짚고 다녔는데 이제 지팡이를 디디고 다닌다. 휘청~ 휘청~ 아직은 불안하기에 내 팔을 의지해야 하지만 오늘도 감사한 것은 여기까지 인도하신 주님! 우리를 사랑하시는 주님의 은혜가 너무도 감사하다. 이토록 아름다운 벚꽃을 함께 볼 수 있도록 이만큼 건강을 회복해 준 사랑하는 남편 김두홍, 참 고맙다!!

코로나19 백신 주사의 부작용으로 험난한 고난의 시간을 보내신 목사님이 훗날 "어차피 누군가에게 주어질 고통이라면, 그 십자가를 주의 종인 제가 감당할 수 있게 해주셔서 주님께 감사드립니다"라고 담담히 말하던 모습을 저는 여전히 선명하게 기억합니다. 이후 목사님은 뜨겁게 기도하며 기다려주시던 사랑하는 군산 시민교회의 강단에 오르게 되었습니다. 할렐루야!

5

10월의 첫날에

중환자실에 누워있는 너에게 매일 보내는 카톡을 언제쯤이나 확인할 수 있을지 모르겠구나. 눈을 뜨면 아내와 함께 두홍 동생, 은지 사모 그리고 아이들과 교회를 위해 기도하는 것이 일상이 되었단다. 무슨 말을 해야 위로가 될지 고민하며 적은 형식적인 글이 아니니 나중에라도 편하게 읽어주렴.

작전 타임

이제 덤으로 받은 네 인생의 후반전을 정말 그분께 내어 드리자. 지금까지도 너무 잘해왔지만, 더더욱 온전히 그분이 알아서 하시도록 말이야. 전반전 끝나고 작전 타임이라 생각하자. 유효했던 공격의 장점은 살리되, 부진했던 수비의 단점은 보강하며 전술을 바꿔보자. 건강과 가족을 최전방 공격수로 세우고 가정의 행복한 일상을 위한 미드필더진으로 재배치하자. 성공적 사역의 성취가 우리 인생의 목표가 아니기에 그분에게 여백, 아니 도화지 전체를 내어 드리자.

이 엄청난 파고를 이기고 버틴 후의 너의 모습을 그려보니 설레더라. 기대되고 흥분되더라. 네가 전할 '하나님의 은혜'로 다시 태어날 군산 시민 교회 예배 공동체는 물론, 그 일을 통해 선명하게 보게 될 하나님의 나라! 누구보다 강한 의지력을 가진 너는 빠르게 회복될 거라 전혀 의심하지 않지만, 너무 성급한 후반전의 시작보다는 이렇게 주어진 작전 타임의 '강제 휴식'을 지혜롭게 사용해 보자.

너의 재활을 위해서라면 라오스에서 할 수 있는 모든 것으로 돕겠지만 진실한 마음으로 간구하며 너와 동행하는 수많은 이들이 있음에 또한 감사하자. 사랑한다, 동생아. 라오스에서 꼭 다시 만나자.

6

최단 시간 기록, 24시간

파송교회 없이 떠나온 우리는 라오스선교사협의회(라선협)에 가입되어 있지 않습니다. 시민농인교회는 라오스의 수도인 비엔티안에 있지만, 공항에서 북서쪽으로 약 12km나 떨어진 외진 동네에 자리하고 있습니다. 더욱이 비포장길을 한참 지나야 하는 이곳은 장애인을 찾아 섬기기 위한 사역의 특수성 때문에 다른 한국분들과의 교류에 많은 시간을 할애하기가 어려웠습니다.

그럼에도 2022년 10월 15일, '시민농인교회' 입당 감사예배는 라오스에 있는 지인들을 초청해 기쁨을 나누는 자리로 마련했습니다. 각 순서는 선교사들이 고루 맡아 주셨고, 시민농인교회 워십팀의 특별 순서가 큰 감동을 더했습니다. 아내와 함께 고민한 예배 후 식사 음식은 코스 요리처럼 구성했습니다. 본당에서 브로콜리 스프와 샐러드를 드신 후, 식당에서 감자탕을 맛보시고, 후식으로 수정과와 과일을 다시 본당에서 나누었습니다.

멀고 불편한 길을 마다하지 않고 와주신 분들께 감사드리며, 앞으로 건축할 YO-JO 장애인센터를 핑계 삼아 장애인 가정과 시민농인교회 가족들, 현지인 교회와 직원들, 건축 노무자들에게도 소홀하지 않고 정성을 다하겠다고 약속드렸습니다. 그리고 감사 인사에 덧붙여 이렇게 고백했습니다.

"저희가 진심으로 기쁜 것은 지어진 건물의 시각적인 아름다움보다 건축 과정에서 고백하게 되는 하나님의 은혜입니다. 건물의 견고함 너머, 그 안에서 이루어질 공동체의 하나님 나라를 꿈꾸는 희망입니다."

2023년 2월 11일에는 건축에 가장 큰 힘이 되어 주신 군산 시민교회와 함께 봉헌 감사예배를 드렸습니다. 아직 건강을 완전히 회복하지 못한 김두홍 담임목사님을 대신해, 세 분의 장로님께서 참석해 주셨습니다. 일찍 오셔서 농인들의 손을 잡아 주시고 YO-JO 장애인센터 공사가 한창인 현장도 둘러보셨습니다. 군산 시민교회에서는 현판과 기념 수건을 보내주셨고, 답례로 감사패[6]를 드리며 장로님들을 안아 드렸습니다. 소박한 현판식과 테이프 커팅식에 이어 준비한 순서들이 축제처럼 기쁨 가운데 진행되었습니다. 하나님의 말씀을 전할 때는 아내가 수어 통역을 담당했습니다.

“내 안에 거하라. 나도 너희 안에 거하리라”(요한복음 15:4)

이 말씀을 중심으로 시각장애인 ‘껑’네 집 증축 공사, 고아 3남매 집 공사, 휠체어를 탄 ‘풋싸디’를 위한 학교 장애인 화장실 공사 사진들을 함께 나누었습니다. 이 모든 섬김은 농인들이 주일 예배 후 한마음으로 이어간 아름다운 실천이었습니다. 목숨 걸고 주 안에 거하기를 소망하면 주님께서 우리와 함께하시는 그 사랑으로 내 이웃을 진정 사랑할 수 있습니다. 실제로 우리 가난한 농인들 모두는 다른 장애 영역의 지체장애인들을 섬기고 사랑하는 일을 매우 자연스러워하고 기뻐합니다.

세 분의 장로님과 사택에서 대화 중 군산 시민교회의 땅 추가 구매에

06. 힘겨운 라오스 땅, 듣지 못하고 말하지 못하는 농인들을 하나님의 사랑으로 보듬어 주심에 감사드립니다. 비록 세상의 소리는 들을 수 없지만 하나님의 음성을 들으려 몸부림칠 것이며, 비록 말을 할 수는 없으나 소리 없는 수화 찬양으로 영광을 돌리겠습니다. 군산 시민교회처럼 예수님의 따스한 가슴으로 다른 장애 이웃들을 사랑하고 말씀의 본질만을 추구하며 ‘무명의 그리스도인’의 삶을 살겠습니다. 라오스 시민농인교회는 여러분을 존경하고 사랑합니다.

관한 조언과 지원, 건축헌금 섬김이 없었다면 오늘에 이르지 못했을 것이라며 감사의 고백을 드렸습니다. 도와주신 9천만 원은 여느 교회의 9억보다 훨씬 소중한 가치가 있으며, 금액의 크기보다 더욱 값지고 소중한 교우분들의 사랑을 절대 잊지 않겠노라고 약속드렸습니다. 그리고 한 가지 더, 담임목사님께 저희 부부가 약속한 내용을 장로님들께도 다짐했습니다. 시민농인교회와 YO-JO 장애인센터를 '김요, 조성희 왕국'이 아닌 하나님 나라로 일구어 가겠다고요. 입술로는 하나님의 '전적인 은혜'라고 고백하면서도 우리의 가정, 일터, 교회, 사회, 나라를 자신의 왕국으로 만들려는 '믿는다면서도 전혀 믿지 않는 이들'이 너무 많기에 더욱 유념하며 살겠다고요.

그리고 매우 조심스럽게 부탁드렸습니다. 매달 후원해 주시는 선교비 대신 시민농인교회를 해외 지교회로 품어주시고, 주보에 교회명과

'분홈'을 현지 사역자로 써주시길 당부드렸고, 사역자 사례비를 교회 예산으로 지원해 주십사 건의드렸습니다. 그 말을 곰곰이 경청하시던 당회원님들께서는 내년부터 노력해 보겠다는 약속을 남긴 채 밤 비행기로 귀국하셨습니다.

사랑하는 고정곤, 오봉철, 조태구 장로님. 이 세 분의 발걸음은 라오스에 머문 최단 시간의 손님, 24시간의 손님으로 기록되었습니다. 그러나 그 짧은 시간 동안 남기신 흔적은 농인 예배 공동체의 마음속에 깊고 오래도록 새겨졌습니다.

'장애인 주일 예배' 강사

밀알복지재단 이사장이자 남서울은혜교회의 원로 목사이신 홍정길 목사님께서 세우신 밀알학교[7]는 1990년대 말, 장애인 시설에 대한 극심한 님비현상을 아름답게 극복한 대표적인 사례로 꼽힙니다. "제 숨이 끊어지기 전에 제 아이를 먼저 데려가 주세요"라고 절규하던 장애인 아들을 둔 한 어머니의 눈물과 고통스러운 기도가 씨앗이 되어 밀알학교는 강남구 일원동에 설립되었습니다.

2023년 어느 날, 남서울은혜교회로부터 장애인 주일을 맞아 강사로 섬겨달라는 연락을 받았습니다. 때마침 2022년 1월부터 라오스로 모신

---

07. 1997년 개교한 밀알학교는 사랑과 봉사, 섬김과 나눔의 기독교 정신을 바탕으로 정서장애와 자폐성장애, 지적장애 학생의 특성과 능력에 적합한 교육을 실천하고 사회적 통합을 촉진, 이들의 교육과 재활에 관한 지속적인 연구들 통하여 특수교육의 질적인 향상 기여에 목적을 두고 있습니다. 현재 유치원, 초등, 중학, 고등, 드림대학 등 총 31개 학급으로 운영 중입니다.

홀어머니의 치매약이 다 떨어져 한국에 나가려던 차라 흔쾌히 수락했습니다. 장애 관련 분야에서 사역하는 사람이라면 누구나 밀알학교 그레이스홀에서 예배드리는 남서울은혜교회의 진정성 있는 헌신과 명성에 대해 익히 알고 있기에 개인적으로는 무척 가슴 뛰는 영광된 초대였습니다.

예배는 총 4부로 예정되었습니다. 제게 주어진 제한된 설교 시간 속에서 말씀과 라오스 장애인 선교에 대한 보고까지 해야 했기에 많이 고민하고 기도하면서도, 장애인 자녀를 둔 부모들을 위로해 드리고 싶은 마음이 간절했습니다. 그래서 라오스 오기 전 22년 동안 함께했던 '좋은이웃' 시각장애인 찬양단 3명의 팀원 중 이현학 군은 샌프란시스코에서 신혼생활 중이라 손혜림, 손혜선 자매에게만 연락하여 특별찬양 한 곡을 부탁했습니다.

무대 양쪽에서 낚싯줄을 잡고 바닥에 부착한 점자 블록을 따라 등장하는 두 자매의 모습에 모두가 시선을 집중했습니다. 찬양 후 혜림 양이 부모들과 교사들의 헌신과 사랑에 대한 감사 인사를 전하고, 제가 동생 혜선 양에게 돌발 질문을 던졌습니다. 선전성 녹내상인 득수교사 님편과 혜선 씨 본인은 물론, 2살 큰아들 성민이도 유전적 희귀질환인 무홍채증으로 앞을 못 보는데, 당시 5개월 된 딸까지 임신 중이었습니다.

저는 둘째도 앞을 보지 못할 확률이 거의 100%라는 사실을 알면서도 왜 무모하고도 당찬 결정을 내렸는지 물었습니다. 그 물음에 그녀는 이렇게 답했습니다.

"성민이를 홀로 두면 안 되겠다는 판단이 들었습니다. 평생 살면서 같은 장애를 나눈 언니에게 가장 큰 힘과 위로를 받았기 때문입니다. 그리고 하나님의 시선과 마음으로 보면 장애의 유무를 떠나 주님이 만드신 특별한 뜻을 품은 귀한 생명이란 사실을 알기에 제가 그런 소중한 생명을 품는다는 것은 축복된 일입니다. 우리 두 아이도 저와 언니처럼 하나님께서 귀하게 쓰실 거라는 확신과 믿음을 가지고 결정했습니다."

그리고 설교 전, 저는 이렇게 기도했습니다.

"오늘 아침, 마흔세 번째 장애인 주일을 맞아 여전히 장애인들을 품고 사랑하며 그들의 목소리를 대변하는 복된 예배 공동체, 특별히 사랑부, 소망부 등의 이름으로 헌신하는 한국 교회, 무명의 교사들을 주님은 기억하시지요?
장애 있는 자녀를 맡겨주심이 자신의 죄가 아닌 하나님의 영광을 위한 은총의 특별한 선물임을 죽도록 되새기며 매일 서럽고 눈물겹지만, 결코 포기함 없이 온몸으로 양육하는 부모들을 주님은 아시지요?

기억하시고 아시는 주님, 오늘만큼은 흐르는 눈물을 멈추고 전적인 위로와 소망으로 새 힘을 얻게 하시어 십자가 고통을 피하지 않고 모든 것을 내주신 예수님 삶의 결을 따라 걷게 하옵소서.

장애가 있는 이들을 끝까지 사랑하시고 자유케 하신 나사렛 예수 그리스도의 이름으로 기도합니다. 아멘!"

그리고 설교 막바지에 이르러서는 이렇게 강조했습니다.

"장애인과 함께하는 남서울은혜교회는 1997년 밀알학교 준공 전부터 사막에 길을 내고 황무지에 꽃을 피운 특수교육, 장애인 복지, 장애인 선교계의 명실상부한 등대입니다. 그래서 부탁드립니다. 가난한 나라, 외진 땅 한 켠에서 밀알을 심는 전 세계 장애인 사역자들을 한자리에 불러주세요. 지친 이들을 다독여주시고 서로 기도하고 어깨동무하여 다시 얻은 새 힘으로 전진할 수 있도록요. 부탁드리는 제가 먼저 장애인 가족들에게 《익숙한 두려움》 책을 선물로 드리겠습니다. 자~ 오늘 말씀입니다. 고린도 후서 6장 1절 함께 봉독합니다.”

“하나님께서 우리에게 주신
이 놀라운 삶을 조금도 낭비하지 마십시오!”

그리고 이렇게 기도하며 설교를 마쳤습니다.

“장애가 있는 하나님의 특별한 선물이 버거워 흘렸던 눈물이 감사와 기쁨의 감격으로 노래하는 ‘이상한 새’가 되게 하여주옵소서. 그 ‘이상한 새’들의 합창이 커다란 함성 되어 여전히 남아 있는 장애인들에 대한 편견과 차별의 사회적 장벽을 무너지게 하옵소서. 성령의 기름 부으심이 매일 우리의 기도 제목이 되고 하나님의 뜻에 사로잡혀 십자가에서 ‘나’를 깨뜨리어 모든 이들에게 생명의 떡을 나누는 그리스도의 삶을 본받게 하옵소서.

장애가 있는 이들의 아픔이 나의 고통으로 느껴지는 체휼의 마음이 넘쳐서 주고, 더 주고, 또 주고, 다시 주되 건넨 사실조차 기억나지 않는 주의 온전한 사랑을 닮게 하옵소서. 우리 구주 예수님처럼 작은 자를 위한 따스한 가슴으로 사랑의 본질만을 추구하려고 몸부림치다가 하나님만 기억하는 무명의 그리스도인으로 살게 하옵소서. 주님이 우리에게 주신 이 놀라운 삶을 더 이상 조금도, 추호도, 결단코 낭비하지 않도록 하나님, 지금 나를 깨우시고 실행케 하여주옵소서. 나사렛 예수 그리스도의 이름으로 기도드립니다. 아멘!"

저는 예배를 마치고 나가시는 장애인 가족분들께 인사드리며 선물로 800권의 책을 나누어 드렸습니다. 그런데 은혜받으신 무명의 그리스도인들이 송금해 주신 금액이 놀랍게도 책값과 정확히 일치했습니다. 그리고 이후 기적 같은 놀라운 사건이 일어났습니다.

8

수상 소감

한국에 사역 보고차 머물던 2023년 3월 말, ㈜국제독립교회연합회 사무총장 목사님께 전화 한 통을 받았습니다. 한국 교회의 모범이 되고 교회다운 모습을 세상에 보여주기 위해 설립된 '국제독립교회연합회'가 박조준 목사님의 설립 정신을 기리고 계승·발전시키기 위해 제1회 '웨이크 어워드'를 제정했다는 것입니다. 목회와 선교 현장에서 예수 그리스도의 사랑을 실천하고 복음 전파에 매진한 목회자를 대상으로 후보자를 선정해 시상한다고 했습니다. 그러면서 선교 부문 대상 수상자로 선정되었다며 시상식 이야기를 하시기에 정중히 거듭 거절했습니다.

그렇게 서로 길게 통화를 하던 중 뿌리치지 못할 소식을 전하시더군요. 수상 상금이 500만 원이라는 것이었습니다. 저는 그 결정적인 유혹에 결국 수락했습니다. 개근상도 못 타본 제가 상금까지 주는 상을 받은 것은 그것이 처음이었습니다. 감사한 마음에 4월 10일, CTS 아트홀로 달려가 상패[8]를 받았습니다. 다음은 그날 고백한 1분 수상 소감입니다.

"장애인센터 건축으로 힘겹고 버겁고 눈물겨워 주춤하고 주저하고 있는 저희 부부에게 손 내밀어 주시고 격려해 주시고 토닥토닥 위로해 주셔서 진심으로 고맙습니다. 파송교회 없이 배낭 하나 메고 아내와 라오스 땅에 자리 잡았고, 시민농인교회를 봉헌하고 장애인 가정들을 돌보며 섬기고 있습니다. 우리가 무언가를 주려고, 가르치려고 간 거 아닙니다! 저희 부부를 받아주고 보듬어 주고 함께하는 우리 라오스 장애 가정과 또 사랑하는 시민농인교회 농인들과 이 기쁨을 나누며, 여보, 고맙습니다. 더 잘하도록 하겠습니다. 감사합니다."

그 당시 저희는 건축으로 인한 빚이 88,006달러였습니다. 그런데 생각지도 못한 상금을 받고, 한국에 머물며 4월부터 6월까지 선교 보고 일

---

08. 반평생을 장애우들의 아픔과 눈물을 어루만져주고 낯선 땅 라오스에서 이름도 빛도 없이 선교하며 라오스 최초 장애인 교회를 선교사님을 통해 세우게 하신 하나님께 영광 올려드리오며 최선을 다하신 선교사님께 이 패를 드립니다.

정을 통한 강사비와 《익숙한 두려움》 책의 판매 수익 덕분에 6월 말경엔 그 빚을 67,027달러로 낮출 수 있었습니다. 너무도 감사한 일이지만, 이 상 수상으로 세계 곳곳에서 목숨 걸고 죽을힘을 다해 선교하시는 분들에게 누를 끼친 것 같아 죄송스럽습니다. 정작 이 상을 받을 분들은 여전히 알려지지 않고 주님만 의지한 채 머무는 곳에서 예배하며 '하나님 나라'를 일구어 가시는 '무명의 그리스도인'이십니다.

9

황홀한 행복

2020년 1월, 단기 선교를 오신 대전 '주님의교회[9]'는 외형은 크지 않지만, 섬김과 배려가 매우 넓고 깊은 특별한 예배 공동체입니다. 라오스에서 출국하던 날 1,300달러를 건네시며 나중에 직원들 한국 여행 경비로 사용해달라는 당시로선 다소 의아한 목적 헌금을 주셨습니다. 그 씨앗 기금이 계기가 되어 드디어 2023년 4월 22일부터 5월 2일까지 10박 11일의 여행을 기획했습니다. 당시 직원들 다섯 명의 비자와 항공권, 일정에 생각보다 많은 예산이 들었지만, 기간 내내 섬겨주신 고마운 분들이

09. 2024년 1월, 단기 선교 때 신발도 없이 운동장에서 뛰노는 마이초등학교 꼬맹이들의 모습이 눈에 밟혔다면서 믿음목장 식구들이 주축이 되어 6개월 동안 모은 돈을 보내주셨습니다. 9월 23일, 미리 전교생의 발 치수를 조사하고, 준비한 슬리퍼를 들고 가니 교실마다 환호성이 터졌습니다. 아이들이 얼마나 좋아했는지 모릅니다. 현장에 있는 저희도 미처 생각하지 못한 귀하고 멋진 일을 실천해 주심에 깊이 감사드리고, 더 정성으로 임해야 한다는 반성을 하며 다시금 또 한 수 배웠습니다. 한편, 그분들은 귀국하시면서 아직 가보지 못한 저희 부부의 성지순례를 위한 씨앗 기금을 또다시 놓고 가셨습니다.

계셔서 너무도 감사했습니다. 저희와 나이도 비슷하고 속마음을 나눌 수 있는 절친인 손용수♡김선아 부부는 신형 제네시스 차량을 내주시고, 예약도 쉽지 않은 정동진의 썬크루즈 호텔까지 감당해 주셨습니다.

날짜	오전	중식	오후	석식	숙소
4.22(토)	공항 마중	여윤수	경복궁, 한복 체험(강민지, 임지은)		남서울은혜교회 선교관
4.23(일)	남서울은혜교회			치킨	정릉 큰아들
4.24(월)	에버랜드			김옥진	
4.25(화)	이케아		파주 프리미엄아울렛	오티콘코리아 (박진균)	
4.26(수)	춘천 이동	박동주	춘천 삼악산 케이블카	조개구이	정동진 썬크루즈 (손용수&김선아)
4.27(목)	일출조각공원	손용수	경포대, 정동진 부채길	손용수	
4.28(금)	휴식	김석인	묵호항, 안동 이동	영명학교(배영철)	생활관 '품:다'
4.29(토)	천문대	서규식	하회마을	김종규	안동(김종규)
4.30(일)	구미 은혜로운교회		구미 투어	김미영	구미(김미정)
5.1(월)	군산 이동	군산 시민교회(김두홍)		온양(정용우)	용인(강창욱)
5.2(화)	화성시 장애아동재활센터(정희선)			공항 배웅	

필리핀 '농인성경대학'에서 2년 유학했던 농인 사역자 '분홈'을 제외하고는 모두 비행기를 처음 경험했으니 서울, 용인, 춘천, 경포대, 묵호항, 안동, 구미, 군산, 온양, 화성으로 이어진 여행이 얼마나 좋았겠습니까! 또한, 남서울은혜교회와 구미 은혜로운교회에서 함께 드린 예배의 경험을 놀라워하더군요. 지금도 직원들은 이때 경험한 한국을 '황홀한 행복'의 시간으로 회상한답니다. 공항에서 직원들을 배웅하며 지금 이 미소, 기쁨, 행복이 장애인들에게 사랑으로 흘러가야 한다고 강조했습니다.

⑩

딱, 한 사람!

남서울은혜교회에서 은혜를 나눈 후, 어떤 분으로부터 이메일을 받았습니다. 자신의 소개와 비전을 나누어주셨는데, 워낙 드러내길 원치 않으셔서 조심스럽게 이야기를 꺼냅니다.

그분은 실제 수입보다 더 많은 십일조를, 섬기는 교회에 헌금하고 계셨습니다. 그럼에도 불구하고 매달 천만 원을 라오스 장애인센터 건축비로 보내고 싶다고 하셨습니다. 그에 앞서 기부금 영수증 발행 여부, 철저한 익명성 보장, 투명한 집행 내용 보고가 가능한지 물으셨습니다. 그래서 이 문제들을 해결하기 위해 머리를 싸맸습니다.

먼저 첫 번째 기부금 영수증 발행을 위해 곧장 군산 시민교회와 상의하여 허락을 받았습니다. 저희는 국내 기관을 통해 파송된 선교지가 아니어서 '기부금 영수증' 발행이 안 됩니다. 그렇기에 군산 시민교회에 도움을 요청했습니다. 두 번째 익명성은 선교 편지에 '무명의 그리스도인'으로 표기하겠다고 말씀드렸습니다. 끝으로 세 번째 집행 내용에 대한 보고는 2023년 4월 당시, 건축으로 인한 빚 76,159달러는 그대로 둔 채 헌금 전액을 센터 마무리 공사에만 사용할 것이며, 영수증과 함께 철저히 보고드리겠다고 약속했습니다.

더불어 그동안 센터 수입·지출 부분의 질문에 그 내용을 공개하고, 2017년 6월부터 순차적으로 우간다, 우즈베키스탄, 인도, 태국, 캄보디아와 한국의 미자립 교회 등 총 6곳에 매달 선교비로 10만 원씩 지원하고 있다는 설명도 덧붙였습니다. 각 나라 선교지에 있는 후배들은 별반 다를 게 없는, 저희가 보내는 선교비에 대한 부담감을 토로하기도 합니다. 하지만 이는 라오스에 정착하며 생활비가 없어 한때 가이드 일도 했던 제가 '하나님, 이 고비만 넘기면 학연, 지연 등 인맥이 없어 제대로 후원을 받지 못해 힘겨워하는 이들을 돕겠습니다'라고 드린 기도에 대한 실천이었습니다. 후배들에게는 그럴수록 더 정성껏 선교에 임하고 기도 제목을 자주 나누도록 권면했습니다.

연락을 주신 지 한 달 후인 5월 23일, 그분은 저희를 근사한 식당으로 초대해 주셨습니다. 그리고 너무도 꼭 필요한 사역이라며, 하나님의 마음을 시원케 해드리는 귀한 사역자의 말씀이 마음에 울림을 주었다며 겸손하게 감사함을 전하셨습니다. 이메일을 보내신 뒤 한 달이라는 시간

동안 상당한 고민을 하셨을 텐데, 결단하시고 약속해 주신 그 귀한 마음
에 고개가 절로 숙여졌습니다.

이후 그분은 6월부터 연말까지 7차례에 걸쳐 매달 천만 원씩 보내주
셨습니다. 기도 제목을 나누어 주시며 자신의 마음도 활짝 열어주셨습
니다. 은행에 쌓여 있는 돈을 내주신 것이 아니라, 선교비를 보내는 동안
많은 개인적인 어려움에도 불구하고 최선을 다해 약속을 이행해 주셨습
니다. 그리고 닮아도 좋을 부모가 되도록, 때가 급한데 밥 먹고 쇼핑하다
가 주님 오시는지도 모르는 일이 없도록, 모든 사업은 하나님의 것이기
에 주님이 온전히 주관하시고 운영하시도록, 하나님이 기뻐하시는 뜻을
겸허히 실현할 수 있도록, 성결과 거룩함을 위해 매일매일 투쟁하는 자

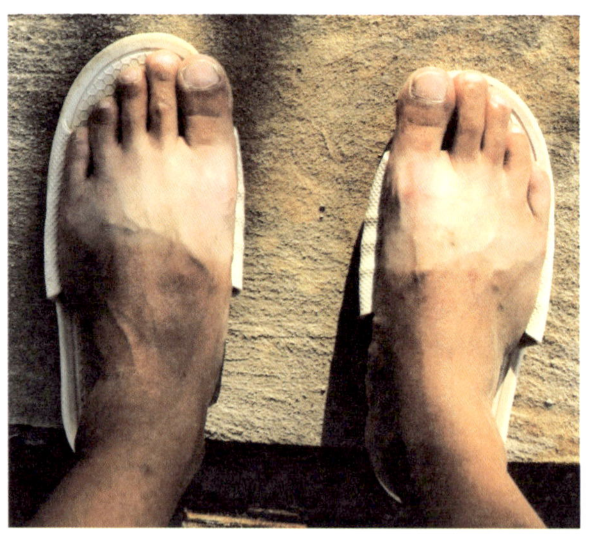

신이 되도록 중보 기도를 부탁하셨습니다.

그 이후에 그분은 개인적으로 큰 전환기를 준비하고 맞이하시느라 후원을 이어가지 못하게 되었다며 미안한 마음을 전하셨습니다. 저희는 손사래를 치며 이미 넘치도록 과분한 사랑을 받았다고 말씀드렸습니다. 그리고 저희는 '바쁘고 어렵고 힘들어 눈물이 날 때도 여전히 감사를 고백하게 해달라'고 기도해 왔다고 말씀드렸습니다. 2023년 하반기 마무리 공사 시점에서 그분의 결정적인 도움이 없었다면 장애인센터 개원은 꿈도 꾸지 못했을 것입니다. 설교를 듣고 그 울림에 귀 기울이고 믿음으로 응답하신 그분은 하나님께서 라오스 땅, 장애인을 사랑하셔서 예비하신 바로 그 한 분이셨습니다!

건축학 개론

2020년 10월 19일, 드디어 감격적으로 첫 삽을 들었습니다. 먼저 일자리 없는 농인들 6명을 선발하고, 직원 '팽'의 베트남 출신 남편에게 현장 감독을 맡겼습니다. 이후 공사에 속도가 붙으며 추가로 라오스 노동자들을 배치했고, 점심때마다 직접 요리해서 공사 현장에 손수 가져다 날랐습니다. 농인들 직업재활 지원 측면에서 당연한 결정이라 판단했지만, 하나의 팀을 이루니 적지 않은 불화도 일어났습니다. 그래서 '분홈'이 구심점이 되어 중재를 담당하게 했고, 매일 제공하는 양질의 식사와 최고 대우의 인건비 지급 및 여러 편의도 제공했습니다.

그런데 농인들에게 최선을 다한 섬김은 당연한 일이지만, 말하기도 부끄러운 사건들이 늘어나며 스트레스가 점점 쌓여 갔습니다. 게다가 매일 공사 현장 근로자들에게 식사를 준비해서 나르는 벅찬 일과에, 꼼꼼히 적어 가는 자재비, 부식비, 인건비 등의 비용은 예상을 뛰어넘었습니다. 보이면 다 먹어 치우는 노동자들의 먹거리에 대한 부담과 현장에 적응한 후 요령을 피우거나 비싼 공구를 분실하는 등의 모습은 이상론자인 저에게 큰 괴리감을 느끼게 했습니다. 그럼에도 인내와 감사로 하루하루를 이어 나아갔습니다.

2020년 12월 1일, 블로그 일기
– 건축 39일 차 / 10, 11월 결산과 결단

사택, 시민농인교회, YO-JO 장애인센터를 지어감에 있어 총체적으로는 장애인을 위한 일이기에 일자리 없는 농인들에게 도움을 주자는 바른 의도에는 변함이 없었습니다. 그러나 6명으로 시작한 농인들이 여러 문제를 일으키더니 결국 3명이 남았네요. 여기서 핵심은 농인 본인들은 보수나 식사 등으로 표현되는 저희의 깊은 속정보다는 '내가 일을 잘해서 돈을 버는 거야!'라는 빗나간 단순 공식이 자리 잡았다는 것입니다. 거기에 게으른 3명이 현장에 들락거리며 작업 분위기를 해쳤다는 점도 중요합니다. 그럼에도 함께 일하는 일반 노동자로 장애 아동을 양육하는 아버지를 고용해 벽돌 찍는 기계까지 사서 아래와 같이 배려했습니다.

1. 병마와 싸우는 큰딸 '싸이싸먼'의 지원금 확대&입원 시 적극 배려

2. 뇌병변장애인 둘째딸 '짠턴'의 생활비 지원 차원의 넉넉한 월급 책정

3. 건축 후 벽돌 기계를 선물해서 자립하도록 지원

그러나 이러한 배려를 약속한 후 솔직히 느끼는 심정은, 매달 큰 걱정거리가 해결되니 애써 현장에서 열심을 내지 않는다는 점입니다. 이게 인간의 속성이겠지요. 역시나 다른 라오스 노동자들 5명도 별반 다르지 않답니다. 적절한 임금, 풍성한 식탁, 나름 편한 현장 분위기에도 불구하고 감독이 자리를 비우면 그 게으름이 풍선처럼 커집니다.

사실 건축을 시작하고 11월 마지막날이 되기만을 기다렸습니다. 인건비, 자재비, 식자재로 매일 결산을 본 자료를 보여주며 "이런 지출 속에서 우린 게으른 작업 성과를 더는 묵과하지 못하니 이번 주를 지켜보며 기회를 주겠습니다. 그리고 언제라도 나가고 싶으면 말해도 좋습니다. 그러면 인건비가 더 들어도 베트남 노동자를 고용하겠습니다"라고 말했습니다.

이 모든 것들은 담당자인 '팽'과 현장 감독에게 일임했고, '분홈'이 농인들에게 전했습니다. 이는 어젯밤 늦도록 아내와 회의하며 내린 결론으로, 12월을 시작하며 나름 현장 분위기를 쇄신해 나갈 필요가 있다는 판단에서였습니다. "건축하면 10년 먼저 늙는다"는 속설의 의미를 새삼 깨달았습니다.

  건축하던 과거의 시간을 구체적으로 기억하며 기술할 수 있는 것은 2014년 1월 8일 고국을 떠나오며 쓰기 시작한 배낭여행 일기와 후원자들에게 보낸 라오스 선교 편지, 그리고 블로그를 통해 라오스 생활을 적기 시작하여 지금껏 4,300개가 넘는 글과 사진이 있기에 가능합니다. 아무것도 없이 빈손으로 온 이의 절박한 심정을 담은 '장애인들과의 동행' 이야기를 통해 함께 빚어 가는 사역의 동역자를 구하고 싶었습니다. 그리고 자녀들에게 남겨줄 최고의 유산은 부모들이 살아온 발자취의 기록이라는 생각도 있었습니다.

  위의 블로그 글에서 과거의 제 마음이 고스란히 느껴져 애잔해집니다. 건축 중에도 고아 3남매만 있는 집의 신축 공사를 돕고, 농학교 식사

봉사와 장학금 지원은 물론, CCTV 설치, 고장 난 통합 차량 수리비와 운동장 바닥 포장용 시멘트도 제공해 주었습니다. 85명의 시민농인교회 체육대회에 이어 89명의 성탄 예배 음식을 준비하고, 장애인 가정 88명과 나들이도 다녀왔습니다. 특히 나들이 영상에 라오스어 녹음과 수화를 덧입혀 장애 인식 개선 차원에서 페이스북에 알리고, 현지 교회와 '쏜파오' 장애인 자립 작업장과 섬기는 모든 장애인 가정에 산타복을 입고 선물도 건넸습니다. 건축을 핑계로 장애인 가정을 돌보고 농인들을 보듬는 일을 게을리하지 않겠다는 저희 부부의 약속을 지키기 위한 몸부림이었습니다.

이후 건축하는 농인들 구성원이 조금 바뀌었지만 내내 6명과 함께 했고, 라오스 노동자들 4명이 추가된 이후로 어느덧 집 형태가 갖춰지며 미장을 시작했습니다. 건축에 대해 아무것도 모르고 처음 해보는 것이기에, 아내와 함께 사택의 모양새와 평면도를 얼마나 그렸다가 지웠는지 모릅니다. 저보다 훨씬 손재주가 좋은 아내가 섬세하게 디자인했고, 한때 스포츠 도박에 빠졌던 건축 설계사인 직원 남편이 돈까지 융통해 주며 재활에 성공시킨 인연으로 도면을 그려주었습니다. 그리고 마침내 2021년 3월 29일에 저희는 입주 이사를 할 수 있었습니다.

하지만 얼마 후인 4월 22일, 건축 169일 차부터 코로나19 팬데믹 (COVID-19 Pandemic)으로 수도 비엔티안이 락다운(Lock down) 되었습니다. 대부분의 건축 자재가 태국산인데, 바트(Baht)화가 오르니 수입 의존도가 높은 라오스의 물가가 출렁거리고 건축비는 계속 가중되었습니다. 몇몇 부자들의 독과점 품목인 자갈, 모래 등은 물론, 생필품들도 줄줄이 인상되고, 라오스 화폐의 가치는 급락했습니다. 실로 이러한 상황에서 건축을 이어가고 해낸다는 것은 전적으로 그분의 은혜 아니고서는 도저히 설명할 수 없었습니다.

그래도 6명의 농인들과 함께 먹고 자며 쌓은 정과 사랑은 행복한 추억이 되었습니다. 한국에서 시각장애를 전공한 제가, 라오스에 와서 시민 농인교회를 개척하고 농인들과 동고동락하리라고는 상상도 하지 못했습니다. 한국 수어와 다른 라오스 수화를 익히고 농인들만의 독특한 문화를 이해해 가는 여정은 쉽지 않았습니다. 하지만 이즈음 우리는 서로에게 진하게 물들어 가기 시작했습니다.

드디어 2021년 8월 21일, 좋은 추억만 간직하기로 약속하고 농인들과의 1차 건축 동행이 10개월만에 대장정의 막을 내렸습니다. 기분 좋은 회식으로 마무리하고, 한 명 한 명씩 힘껏 안아주면서 저는 느낄 수 있습니다. 우리가 함께 작업한 날들이 때로는 버겁기도 했지만, 결국 서로를 얼마나 아끼고 사랑했는지를요. 서로에게 좀 더 잘해주지 못한 자신에 대한 책망과 후회만 있을 뿐이었습니다.

훗날 그들은 농인 사회에서 저희 부부에 관한 오해가 생기면 방호벽이 되어 주었고, 김&조 선생님들은 장애인을 진심으로 사랑하는 분들이

라며 기꺼이 증인이 되어 주었습니다. 저희의 가장 큰 기쁨은 멋진 건축물보다 단 한 명의 농인도 저희 부부나 시민농인교회를 등지지 않고 여전히 사랑하며 함께 하고 있다는 사실입니다. 2024년 10월 7일, 하늘나라로 먼저 떠난 '씨위라이'만 빼고요.

건축학 각론1:
시민농인교회

사택, 배수로, 담장, 진입로 등의 건축을 거치며 이젠 숙련공이 된 농인들은 다른 노동 현장으로 취직해 떠났고, 빌려준 돈을 받는다며 현장을 자주 비워 우리 속을 태우던 베트남 현장 감독과도 계약이 완료되었습니다. 그래서 2021년 8월 말부터 부지런히 개인 건축업자를 찾아 나섰습니다. 중·소형 회사와 접촉하면 단가가 비싸지기에 우리 시민농인교회 건물 크기 정도면 개인업자가 적합할 거라 판단했습니다. 특히 어떤 건축업자와 협업하느냐에 따라 비용을 떠나 행복한 일상이 될지, 불행한 나날이 될지 판가름나기에 최대한 여러 사람들과 접촉해 만났습니다.

그러다 시민농인교회 창립기념 주일마다 오셔서 축하해 주시던 박성천 목사님[10]께서 식사 중 라오스 건축 소장인 '껀'을 소개해 주셨습니다. 박 목사님께서는 땅만 사두고 건축 시작을 망설이며 주저하던 우리에게 '하나님께서 친히 인도해 주시니 믿음으로 빨리 시작하라'고 격려해 주셨던 고마운 분이었습니다. 또한 수도에서 1시간 반 정도 떨어진 시골 마을에서 학교를 건축하시며 건축업자 때문에 온갖 좌절과 아픔을 몸으로 체득하신 분이시라 더욱 신뢰할 수 있었습니다.

드디어 2021년 10월 7일, 계약서를 쓰고 268일 차 건축 일기를 이어갔습니다. 첫 공정인 땅을 측량하고, 45개의 기둥 세울 터를 파고, 철근 골조를 세우고, 직접 찍어낸 벽돌로 벽을 쌓고, 배관 작업까지 마친 후 타설을 준비했습니다.

6시 반부터 레미콘 차들이 들어와 콘크리트 펌프차 타설이 시작되면 점심도 거른 채 7시간 동안 고단한 작업을 했습니다. 통상 반나절 조금 넘는 작업이었지만, 노동 강도가 세기에 고생한 노동자들에게는 하루 품삯을 주면서, 회식비까지 건넸습니다. 농인들에게도 그랬지만, 매일

---

10. 2012년 캔자스 한인장로교회 담임목사로 10년을 섬기시다가 사임, 2013년 시애틀형제교회에서 파송받아 10월 라오스에 입국. 2018년 5월 8일, 쌍텅 글로리 학교를 설립하고 탁아반, 유치원, 초등학교 등 총 224명의 학생과 교직원 27명을 섬기고 있습니다. 성실, 정직, 사랑 등 기독교적 가치관을 정립시키려 고군분투 중이십니다.

10~15명의 노동자들에게도 간식을 챙겨주고, 돼지와 염소 통구이를 비롯해 외부 식당 회식과 경품 추첨, 청백전 운동회 후 선물 증정과 특식 등으로 섬겼습니다. 그런데 하나도 아깝지 않았습니다. 노동자들의 진정성 있는 모습과 애써 노력하는 자세를 알기 때문이었습니다.

이후 기둥 세우기, 한 달간의 벽 쌓기, 지붕 공사 준비, 50일간의 미장, 45일 동안의 배선 공사, 본당 무대와 바닥재, 천장 공사가 이어졌습니다. 건축 허가는 YO-JO 장애인센터I 건물인 강당과 식당으로 받았지만, 실제로는 시민농인교회입니다. 십자가를 달 수 없는 지하 교회지만, 효용성을 고려하여 주일 예배 이후에는 장애인들이 수업받는 73평의 큰 교실로, 때로는 작업 자립장으로, 마을 주민들의 결혼식장이나 콘서트장, 현지 교회의 수련회장으로 사용되길 원했고, 실제로 그렇게 이용했습니다.

면적 167평에 높이 8m의 공사에서 매우 신중하게 고민하고 설계한 부분이 있답니다. 절대로 교회처럼 보여선 안 되는 선은 지키되, 종교적 배경이 묻어나는 건물 구조와 색채감입니다. 농인들이 주차하고 본당까지 들어오는 동선에 기독교적인 영감을 입혔습니다.

　　4개의 아치형 통로를 지나면 교회의 문에 다다릅니다. 검정 페인트로 칠한 6m짜리 첫 번째 통로는 인간의 죄악성을, 자갈로 된 4m짜리 두 번째 통로는 우리의 인생을 상징합니다. 그리고 빨간색으로 도색한 2m짜리 세 번째 통로는 그리스도와의 만남, 즉 죄를 고백하고 참회하는 공간을 상징하며, 마지막으로 몸을 낮추고 들어가야 하는 1m가량의 통로가 이어집니다. 지나가는 통로의 중앙 위쪽 벽에는 파란색으로 표현하여 '하늘 소망'을 담았는데, 그 위에 라오스의 흰 구름이라도 지나가면 마치 천국을 바라보는 듯합니다. 끝으로 본당 출입문 양 손잡이는 십자가 모양으로, 예배 자리에 십자가를 붙잡고 낮은 마음과 겸손한 자세로 나아가길 소망하며 질감을 느끼도록 표현했습니다.

건축학 각론2:
YO-JO 장애인센터

많은 분들이 궁금해하며 묻는 공통된 질문이 있습니다. 라오스 정부의 지원 부분입니다. 이에 저는 "딴지만 안 걸어도 감사하답니다!"라고 답합니다. 라오스 정부는 장애인 교육과 복지 정책을 수립하는 데 예산 편성은 물론 집행 의지도 전혀 없습니다. 장애의 모든 책임을 가족에게만 전가(轉嫁)하고, 국가와 사회의 책무를 회피하는 라오스 정부가 참으로 옹색하고 애잔하게 느껴집니다.

2021년 11월 말, 저희는 1주일 동안 인조 잔디 바닥부터 만들었습니다. 장애가 있는 이들이 노는 모습을 상상하며 500만 원을 들여 진행했습니다. 라오스는 장애인에 대한 '인식 개선 교육'이 급선무이기에 YO-JO 장애인센터 건물을 편의성과 미적으로도 전혀 손색이 없는 공간으로 마련해주고 싶었습니다. 라오스 장애인 교육과 복지 정책이 전무(全無)할

수록 더더욱 장애인 분야의 등대와 이정표(Landmark)가 되겠다고 각오를 다졌습니다.

그런데 아직 뵌 적도 없는 전주 실로암교회 이호수 님께서 흔쾌히 500만 원을 지원해 주시며 이렇게 격려해 주셨습니다. "그분이 가장 사랑하시는 장애가 있는 이웃들은 더욱 넘치는 사랑을 받아야 합니다. 작은 정성에 큰 행복을 주시니 고맙습니다!" 사막에 길을 내듯 나아가는 저희에게 정녕 크나큰 격려이자 선물이 아닐 수 없습니다. 세상에는 여전히 선한 무명의 그리스도인들이 참 많습니다. "장애가 있는 이들의 입술에 감사의 고백이 넘치고, 그 마음에 하나님 나라가 임하도록 정성껏 임하겠습니다. 사랑합니다"라고 감사 인사를 전했습니다.

먼저 특수교육학과도 없는 라오스에 각기 다른 교육 공간을 만들어 교실 공간 자체가 가장 좋은 교사가 되게 하자는 발상의 전환을 꾀했습니다. 물리·작업 치료실, 언어 치료실, 미술 치료실, 놀이 치료실, 음악 치료실, AI 교육실, 시청각실, 미용실, 교사실 등 9개 공간을 목적과 크기에 맞게 명확히 설정하고, 효율적인 동선이 되도록 밑그림을 그렸습니다. 한국의 특수교육학과 교수, 장애인 시설과 장애 아동 조기 교실 원장, 특수교사, 병원의 물리·작업 치료사들에게 자문과 조언을 구해 공간도 설계했습니다. 특히 방마다 교구들을 정리하여 넣을 넓은 수납함에 대한 권고를 받아들여 각 교실에 비치했습니다. 장애인 화장실에 넉넉한 공간을 두어 온수와 샤워실, 세탁실을 마련하고, 귀가 전에 교사들이 목욕시키고 미용실에서 꾸며주고 간식을 먹여 보내는 시간도 수업으로 배정했습니다. 이렇게 효율성 높고 각 방이 아기자기하게 갖춰져 그룹별 아이들이 이동식 교육을 통한 재미있고 즐거운 수업을 하는 덕에 날마다 오고 싶은 센터로 만들었습니다.

또 2층에는 단기 선교를 오는 팀원들의 숙소를 마련했습니다. 장기적 계획으로는 은퇴 후 의미 있는 삶을 원하는 분들이 머물 '한달살이' 공간을 제공하기 위함이기도 합니다. 작은 돌멩이 하나에도 저희 부부의 정성과 사랑의 손길이 머물지 않은 곳이 없습니다. 최근에 방문하신 전)서울특별시교육청 특수교육과 장학관이셨던 김정선 과장님은 '그래 이거지! 이게 한국인이 운영하는 학교지'라는 마음이 들어서 뿌듯했다며 라오스 시골 마을에서 어떻게 이런 아이디어가 나왔는지 아무리 생각해도 감동이라며 격려해 주셨습니다.

건축 시작 전까지 6년 동안 장애인 가정을 찾아 방문하고 사랑을 나누면서 자신의 생일에도 찾아와 축하해 주는 이 없고, 아침에 눈을 떠도 갈 곳이 없어 매일 무료한 일상을 보내는 것이 자신의 숙명이자 업보인 줄 아는 장애가 있는 이들의 아픔이 제게는 서글픈 고통으로 느껴졌습니다. 이들에게도 눈을 뜨면 갈 곳이 있음을, 진실로 안아주는 사랑하는 선생님들이 기다리고 있음을, 흥겹게 놀고 맘껏 먹으며 함께 아픔을 나눌 친구들이 있음을 알려주고 싶은 절박한 간절함이 곧, '하나님의 사랑'입니다. 진실로 사랑하면 상대의 필요가 눈에 들어오고 느껴집니다.

　마침내 2024년 2월 25일, 17개월여의 센터 공사를 끝낸 후 마지막 삽을 내려놓고 노동자들에게 보너스를 건넸습니다. 건축 소장인 '껀'은 제게 평생 AS를 약속했습니다. 그리고 이후에는 실비로 장애인 다섯 가정의 보수 공사를 해주었고, 누워만 있는 중증장애인 '펀캄'의 이동식 침대를 제작해 주었으며, 주 1회씩 자신의 승합차로 유류비만 받으며 센터 장애인들의 등·하교를 봉사하고 있습니다. 도움이 필요해 연락하면 늘 달려와 자기 일처럼 해결해 주는 고마운 '껀'. 이번에도 라오스인 양아들을 얻은 충분히 남는 장사였습니다.

14

YO-JO 장애인센터, '물들어 가기'

2024년 2월 말, 꼬박 3년 2개월여의 공식적인 건축은 마쳤지만, 각 교실의 세부적인 공사가 다 완료된 것은 아니었습니다. 가장 중요한 통학 차량도 마련되지 않았지만, 그 핑계로 마냥 센터 개원을 미룰 수는 없었습니다. 이에 바닥재, 방음재, 더 필요한 교구들은 수업을 진행하며 하나씩 준비해 가기로 했습니다.

드디어 2024년 3월 5일, 8명의 교사와 첫 수업을 시작했습니다. 우선 화요일과 목요일 주 2회 수업을 위해 4명 정도씩 반을 나눠 담임을 정하고, 교사 특성에 따라 맡을 수업을 배정했습니다. 그리고 저희 SUV 차량과 직원들이 오토바이에 한 명씩 태워 오고, 부모가 통학시킬 수 있는 아이까지 추가했더니 총 23명 정도가 되더군요.

그들을 데려와 진행한 수업은 다음과 같습니다. 등교한 아이들은 야외 놀이터에 모여서 놀다가 단체 사진을 찍고 입실합니다. 그리고 오전에는 세 개의 반으로 나누어 순환 교육을 진행합니다. 12시가 되면 급식을 먹이고, 교사들이 설거지와 청소하고 있을 때 아이들은 오침(午寢)을 합니다. 오후에는 본당에서 단체활동, 체육 등 통합 수업을 하고, 샤워와 미용을 한 후 간식을 먹이고 4시에 귀가합니다.

주 2회씩 장애인-부모-교사가 서로에게 '물들어 가기' 시간을 3개월 동안 가지니 비로소 아이들이 제대로 보이기 시작했습니다. 교사들은 수화 교육은 물론, 수시로 회의하며 새로운 것들을 하나씩 빚어 나갔습니다. 대표적인 예로 각 교실에 명패와 비상벨을 설치하고, 교사실 전광판에 알람과 함께 방 표시가 되어 신속히 달려가 서로 협조하도록 했습니다. 또한, 절친 손용수♡김선아 부부는 센터 오픈 때 다녀가시더니 경기도 화성 일대 공장을 수소문하여 컨테이너 물류로 친환경 방음재를 보내 주셨습니다. 소리가 울려 말소리가 잘 들리지 않던 교사실, 음악 치료실, 미용실 벽에 색상이 예쁜 방음재를 설치하니 얼마나 좋던지요. 정말 고마운 부부입니다.

또한 센터 아동들이 장난감을 입에 갖다 대거나 침을 묻히기도 하기에 교사들에게는 이를 자주 소독하게 하고, 주방의 수저 등 주방 기구들은 주 1회 소독을 의무화했습니다. 센터에서 제공하는 급식은 라오스 내 어느 국제학교보다 훨씬 더 높은 평가를 받을 만한 수준입니다. 기대감으로 점심시간을 기다리는 아이들에게 다양한 한국 음식으로 영양 발달에도 많은 신경을 씁니다. 그럼에도 수도 없이 시행착오를 거듭하겠지만, 장애가 있는 가족들을 '하나님의 사랑'으로 보듬어 주는 본질은 변함이 없고, 더욱 진하게 물들어 갈 것입니다. 이렇게까지 노력하는 이유가 있습니다. 저희 부부가 장애인들이 고통으로 신음하는 라오스 땅에 너무 늦게 온 것만 같은 미안함 때문입니다.

센터에 오는 아이들의 사랑스러운 미소와 행복한 웃음을 포착하여 찍은 사진을 액자에 담아 센터 입구와 교실마다 걸어두던 어느 날이었습니다. 하루 2번씩 왕복 80km를 운행해 피곤한 저희 부부에게 뇌병변장애가 있는 '하'가 갓 꺾어둔 꽃 한 송이를 건넸습니다. 아내에게 꽃 선물을 한 게 언제인지도 모르는 저보다 훨씬 낭만을 아는 멋진 녀석입니다.

라오스는 4월 말경이 되면 기온이 40~45도를 웃돕니다. 2024년 4월 30일부터 5월 3일까지 냉방시설이 없는 학교에 교육부 휴교령이 내려졌습니다. 하지만 우리 센터는 모든 교실에 에어컨이 설비되어 있어 휴교령이 해당하지 않았습니다. 그래서 학교에 가지 못하는 장애 아동의 누나와 언니들까지 센터에 같이 오더군요. 그런데 오후 수업을 시작하자마자 정전! 아뿔싸, 할 수 없이 모두 야외의 그늘진 곳으로 나갔습니다. 정전이라는 복병을 만날 줄은 예상조차 하지 못했습니다. 그나저나 전기세가 너무 올라 매달 300달러는 저희에게 큰 부담이랍니다.

매주 금요일에 우리는 중증장애인 친구들 집을 방문하여 교육하고 건강을 살핍니다. 승합차가 생기면 금요일 단 하루라도 중증 친구들이 센터에 와서 돌봄을 받도록 약속한 지 오래입니다만, 여전히 우리는 하나님의 시간표를 잠잠히 기다리고 있습니다.

이후 37번째 물들어 가던 7월 10일 수요일부터 다른 B그룹을 위해 수업을 확대했습니다. 물론 화요일과 목요일에 오는 친구들도 희망하는 이들은 올 수 있지만, 대개는 먼 마을에 사는 이들 위주로 편성했습니다. 그러면서 딴텅교회 승합차와 건축 소장인 '껀'의 승합차를 지입 형식으로 임대했습니다. 유류비 외에 수리비는 센터가 책임지며, 교회 승합차 운전자는 주 3회 일당으로 계산해서 주고, 다른 운전자는 기꺼이 수요일만 차량 봉사를 해줍니다.

여기서 매우 중요한 사실은 센터를 열고 수업을 진행하는 것이 저희 직원들의 힘만으로, 한순간에 이루어진 게 아니라는 것입니다. 세상 모든 일이 그러하듯, 지금의 '물들어 가기'는 2023년 1월부터 있었던 20회의 긴 '준비 운동(warming-up)'이 있었기에 가능했답니다. 그 첫 단추는 진심으로 존경하는 강창욱 교수님[11]의 소개로 국립국제교육원 '라오스 단기 해외 특수교육봉사단'인 강남대 특수교육학과와의 만남입니다. 저희

---

11. 前 강남대학교 중등특수교육학과 교수, 한국청각 장애교육학회&한국수어학회 학회장 역임. 現 사회복지법인 좋은재단 대표이사, 학교법인 칼빈대학교 교육이사, (사)그린티처스 이사, 저서로는 《사라져 가는 소리》, 《특수교육 교사를 위한 교직 실무》외 다수가 있습니다.

부부는 강남대 교수님께 10년 동안 섬겨오던 농학교를 소개하고, 농학교 봉사 외에 집에만 머무는 재가 장애인들을 위한 센터 수업을 부탁드렸습니다.

첫해에는 세 번의 수업만 진행했는데, 차량을 총동원하여 아이들을 센터에 데려왔습니다. 장애인들은 말로만 듣던 센터 건축 현장을 처음 접하고 탄성을 질렀습니다. 동행한 부모들에게도 아이들을 믿고 맡겨도 되겠다는 신뢰를 쌓는 계기가 되었고, 시간이 흐를수록 센터 교육에 큰 기대감을 품게 된 '예비하신 복된 만남'이었습니다. 첫 일정을 마치고 담당 교수님께 문자를 보내 학생들에게 읽어 주십사 부탁드렸습니다.

여러분, 오늘 장애인 가정 부모들과 아이들이 얼마나 행복해했는지 여러분은 그 크기와 깊이와 넓이를 잘 모르시겠지만 저는 압니다. 아주 잘 압니다. 그래서 눈물이 났습니다. 너무도 행복했습니다. 장애가 있는 이들의 얼굴에 피어나는 웃음꽃이 저의 행복이기에. 우리의 기쁨이기에. 너무 감사해요. 사랑하고 축복합니다. 힘에 부져 피곤하고 지친 여러분의 얼굴이 오늘따라 유독 예뻐 보였답니다. 화장하지 않아도 땀 냄새가 나도 그 섬김이 그 사랑이 그 최선이 창조주의 기대이기에 모두 너무나도 아름다웠지요. 아름다운 당신이 꽃입니다. 희망입니다. 사랑입니다.

YO-JO 장애인센터 워밍업 일지

회차	기간	단체명
1~3	2023.1.9~11	강남대 특수교육학과 15명
4	2023.6.23	송도 좋은교회 청년부 6명
5, 6	2023.7.24~25	구미 은혜로운교회 18명
7, 8	2023.8.8~9	군산 영생교회 22명
9	2023.11.6	정용우 님 외 4명
10~14	2024.1.3/5/8~10	강남대 특수교육학과 20명
15, 16	2024.1.16~17	대전 주님의교회 11명
17, 18	2024.1.22~23	전주 아름다운교회 9명
19, 20	2024.2.7~8	전주 호성교회 29명

이후 센터 프로그램은 물론, 시민농인교회 창립 6주년 행사까지 송도 좋은교회 청년 6명이 능히 해내는 모습을 보고 사랑의 섬김에는 한계를 두지 않아야겠다고 생각했습니다. 중고생 청년들로 구성된 은혜로운교회 역시 폭발적인 젊음의 힘을 보여주고 가셨습니다. 2022년 11월 라오스에 처음 오셔서 마이초등학교, 농학교, 농인들과 수요 특별 예배, 장애 가정 방문은 물론, 센터 벽화까지 그려주시고 가셨던 군산 영생교회는 이듬해 한여름에 시원한 '냉수 선교'를 또 한 번 맛보여 주셨습니다. 특히 손맛 좋은 권사님들의 김치 맛은 잊을 수가 없답니다.

존경하고 사랑하는 정용우 장로님 내외분은 섬기시는 신촌성결교회 장로님들과 함께 오셔서 언제나처럼 등을 토닥이며 품어주셨습니다. 진솔하고 변함없는 사랑을 넘치도록 주시는 대전 주님의교회는 3번째 팀을 꾸려 오셔서 감동을 주셨는데, 부디 저희를 위한 기도를 멈추지 마옵소서! 그리고 선교 전문가이신 전주 아름다운교회 무적함대팀은 이보영 목사님을 닮아 단기 선교에 잔뼈가 굵은 진정한 무적이었습니다.

끝으로 특별히 주문하지 않아도 믿고 맡길 수 있는 프로 선교팀인 전주 호성교회의 공연은 늘 최고입니다. 전신 쫄쫄이 복장으로 코믹 차력 쇼에 온몸을 던지셨던 한관수 목사님의 연기가 다시 보고 싶고, 모두들 정말 그립습니다!

아낌없는 헌신과 겸허한 섬김, 넉넉한 사랑을 건네주신
여러분들이야말로 'YO-JO 장애인센터'의 진정한 건축주십니다!

강남대학교 특수교육학과의 힘

두 번째 '라오스 단기 해외 특수교육봉사단' 방문이었던 2024년 1월의 일입니다. 전반기 농학교 수업 봉사를 성공적으로 마치고 후반기 YO-JO 장애인센터의 교육을 앞둔 학생들과 김호연 교수님을 모시고 장애인 가정 23곳을 돌며 '순회 교육'을 실시했습니다. 후에 학생들의 소감문을 꼼꼼하게 읽었는데, 그들이 보여준 진심에 오히려 제가 더 울컥했습니다.

우리가 방문하는 잠깐의 시간에도 너무 행복해하는 모습을 보며 '그들이 경험하는 세상과 받을 수 있는 사랑 담긴 시선이 얼마나 제한적일까?' 하는 생각이 들어서 안타까웠다. 그와 동시에 우리와 만나는 시간이 오래 기억되는 행복한 시간이 될 수 있도록 내가 할 수 있는 모든 걸

쏟고 싶었다. 오늘 순회 교육을 통해 라오스 장애인들이 처한 상황을 보며 교직에 대해 고민하던 나에게 한 가지 길이 더 생긴 것 같다. 한국만 특수교육이 필요하지 않기에 열심히 배워서 더 많은 이들이 교육에서 소외되지 않도록 돕고 싶단 생각을 했다. 순회 교육을 통해 나의 특수교육에 대한 시야가 넓어진 것 같다. 이런 시간을 가질 수 있다는 사실에 감사하다.

– 정소윤[12]

강남대 특수교육학과 학생들과 진행한 센터 수업 2일 차인 2024년 1월 5일의 일기에 저는 이렇게 적어 놓았습니다.

8시 반, 차량 4대가 각 마을로 나가 아이들을 데려옵니다. 그들이 매일 똑같은 아침이 아닌 특별한 날을 맞이할 수 있도록 돕는 것은 제 인생에서 가장 눈부신 날이기에 진심으로 감사한 아침입니다.

97년생 아빠와 99년생 엄마의 외동아들 네 살배기 '파킴'이 처음으로 엄마 없이 홀로 왔습니다. 약을 달고 사는 녀석이 환절기인데도 건강하여 감사하고, 우리를 신뢰하고 전적으로 맡겨주어 더욱 감사한 이

---

12. 중등특수교육학과 22학번. 아이들이 보고 싶다며 2025년 2월 24일부터 6월 23일까지 코이카 2기 '청년중기봉사단' 단원으로 센터에 다시 왔고, 이어 2026년 1월 10일부터 2월 5일까지 4번째 '라오스 단기 해외 특수교육봉사단' 팀장으로 재차 아이들을 품어 주었습니다.

아침. 문득 장애가 있는 이웃들은 저희 부부를 어찌 생각할지 궁금합니다. 그러나 더 두려운 질문은 '하나님께서 우리를 어떻게 보실까?'입니다.

한편, 2019년생 '또노'가 이렇게 환한 표정을 짓는 건 처음 봅니다. 할아버지는 저만 보면 진심으로 고맙다고 입버릇처럼 이야기하지만, 손자를 무척이나 사랑하는 그 마음에 제가 더 행복합니다. 특별히 감사한 아침이 빠르게 지나가고 있습니다. 정성스레 준비해 온 수업을 이어가는 강남대 특수교육학과 학생들. 이들의 젊음에 비해 훨씬 더 초라하고 옹색했던 제 젊은 날들이 스쳐지나갑니다.

그래서 이들에게 이렇게 속삭이고 싶습니다.

"눈이 부시도록 푸르른 여러분들의 아름다운 젊음에 경의를 표합니다."

장애가 있는 이웃들에게 눈물 나도록 서럽고 척박한 땅 라오스에서 온몸을 던져 보듬어 준 귀한 사랑에 장애인 가정을 대표하여 제가 감사 인사를 전합니다.

"이미 여러분들은 가슴 따스한 'YO-JO 장애인센터'의 진정한 특수교사입니다!"

우리의 가슴이 식거나 인생을 살아가다 긴 터널을 만나거든 훌쩍 날아오세요. 2층 숙소는 여러분의 해외 별장입니다.

1월 8일 3일 차, 아이들 사진까지 담은 영화 관람표를 만들고, 좌석 배치도 장애 유형을 고려하여 준비한 모습이 감동입니다. 음료와 팝콘을 먹으며 만화영화에 푹 빠진 아이들을 보니 눈물이 핑 돕니다. '하'가 제 옆에 다가오더니 '엄지척!'을 하며 고마운 마음을 전합니다. 시청각실, 성능 좋은 빔, 빵빵한 소리를 쏟아내는 스피커, 대학로 소극장 스타일의 무대에 다들 극장에 온 것 같다며 너무 행복해하는 모습에 사실 살짝 눈물이 나더군요.

똘끼 가득한 한 사람의 꿈이 '황당한 한여름 밤의 몽상'이 아니었음을 증명했기에, 어려서부터 마음속에 그렸던 꿈이 눈앞에 펼쳐졌기에, 그래서 더더욱 왕국이 아닌 그분의 나라를 일구어 가야 합니다. 학생들의 평가회에 참석했다가 본의 아니게 '세상을 바꾸는 시간 15분'을 찍었습니다. 그 자리에서 저는 이렇게 말했습니다.

**"특수교육 현장에 교사로 있든 없든
장애인을 향한 애정과 열정이 평생 식지 않도록 자신을 돌아봅시다!"**

1월 9일 4일 차, '중증 친구들의 날'로 정하고 장애인센터에 와보지 못한 친구들 15명을 3대의 차량으로 데려왔습니다. 영화 시청, 수영, 목욕 프로그램을 준비했고, 중식은 잘 씹지 못하는 친구들을 위해 소고기 야채죽, 계란찜, 요거트(yogurt) 같은 부드러운 식단을, 강남대팀을 위해서는 감자탕을 만들었습니다. 장애 아동들의 가정이 수도와 온수 시설을 제대로 갖추지 못해 모두 센터에서 목욕을 시키는데, 준비팀들이 정말 많은 고생을 했습니다. 저는 눈에 들어가도 따갑지 않은 샴푸와 작은 욕조까지 준비한 그들의 세심함에 놀랐습니다.

건축 당시 관리가 힘들다며 수영장 만드는 것을 주변인들이 모두 정색하며 말렸더랬습니다. 그런데 딱 한 사람, 바로 저만의 꿈이 있었기에 감행했습니다. 매일 방에 갇혀 똑같은 날들을 보내는 친구들에게 물 위에 누워 푸르른 하늘을 보게 해주고 싶다는 '소박하지만 간절한 꿈'이 오늘의 사진 속 아이들의 표정을 만들어 냈습니다. 그래서 힘들 때마다 찍은 사진을 보고 또 보고 다시 볼 것입니다. 행복하고 감사해서 눈물을 흘렸던 그날을 생각하니 지금도 가슴이 벅찹니다. 전심으로 하나님께 감사 드리며 모든 영광을 돌립니다. 그리고 장애인 주일 설교에 응답해 주신 그분과 이 벅찬 기쁨을 나누고 싶습니다. 사랑하고 축복합니다!

1월 10일 5일 차, 어느새 헤어짐을 준비해야 하는 마지막 시간이 코앞 인데도 수영장에서는 웃음소리가 끊이지 않았습니다. 모든 걸 쏟아부어 주신 그 열정과 사랑으로 정말 행복했습니다. 우리 아이들은 누군가의 시선에는 부족할지 몰라도 먼 곳까지 날아와 값없이 나누어준 여러분의 헌신, 애정, 섬김을 쉽게 잊어버리는 친구들이 아닙니다. 그 사랑을 기억 하기에 우리 센터에 마음을 열고 믿고 의지할 것입니다. 물속에서 함박 웃음을 짓던 아이들의 사진을 보며 '특수교육'이 무엇인지 다시금 깊이 생각해 보았습니다.

물에 대한 공포심이 있는 친구들을 이해하며 기다려주는 것,

가까이 다가갈 용기를 북돋아 주며 더 기다려주는 것,

그리고 물속에 함께 들어가 손잡아 주는 것,

나아가 온몸으로 안아주는 것.

결국, 터뜨린 그들의 웃음에 함께 격하게 기뻐하는 것,

그리고 다음 도전을 준비하며 다시금 애써 기다려주는 것!

마지막 캠프파이어를 준비하며 시멘트 바닥에 흔적이 남지 않도록 모래를 먼저 깔아야 한다는 것도 알고 있습니다. 그런데 처음 시도하는 캠프파이어라 일부러 오래도록 흔적을 남겨두고 싶었습니다. 매일 그 자리를 바라보고 지나며 누가 떠오를까요? 무엇이 기억될까요? 바로 여러분들이 남겨두고 가신 장애인 친구들을 향한 '헌신적 사랑'입니다. 그것은 하나님께서 우리를 향해 매일 부어주시는 그 '온전한 사랑'과 비슷한 맥락을 갖고 있답니다.

장애가 있는 친구들만 보이죠? 그들과 마주하면 가슴이 막 뛰시죠? 무엇이든 다 주고 싶지 않으세요? 처한 상황이 안타까워 가슴 아프고 눈물 나지 않나요? 곁에서 그들보다 더 슬퍼하며 기도하며 기다려주게 되잖아요. 앞으로도 함께 할 강남대학교 특수교육학과 학생들에게 진심으로 감사드리며 약속합니다. 살아가다 외롭고 지치고 막막하거든, 다 포기하고 싶거든 YO-JO 장애인센터로 훌쩍 날아오세요. 여러분들이 두고 가신 사랑을 기억하며 우리 보물들이 여러분들의 어깨를 다독이며 안아줄 것입니다. 눈으로 사랑을 말하며 곁에서 손잡아 줄 겁니다. 여러분이 그랬던 것처럼요.

2025년 1월에는 최승숙, 최민식 두 교수님의 인솔 아래 세 번째 방문이 이루어졌습니다. 6일 동안 교육을 진행해 주셨는데, 특별히 강당에서 진행한 코너 학습과 음악회, 아이들 모두가 받은 상장, 대형 패러슈트

(parachute) 수업과 센터 직원들을 위한 교사 세미나, 캠프파이어의 기억이 새로웠습니다. 이들 곁에서 함께 보고 배웠던 센터 직원들은 모이면 늘 강남대팀에 대한 칭찬을 아끼지 않았습니다. 특수교사로서의 전문성, 인내심, 공감과 따스한 시선, 세심한 관찰과 정확한 평가능력, 유연성과 협력의 태도, 윤리성과 책임감 등도 센터 직원들에게 자연스레 물들었습니다. 애정을 가지고 장애 아동들에 관한 이야기꽃을 피우며 서로 격려하는 모습과 미루지 않고 기저귀를 갈아주고 씻기고 먹이는 헌신적인 모습 모두 강남대팀이 끼친 선한 영향력이라고 자신합니다.

또 다른 수확을 이룬 2026년 방문은 지체장애를 전공하신 한경근 단국대 특수교육대학원장님과 물리 치료를 전공하신 이준재 초빙 교수님,

현수희 작업 치료사님이 동행해 주셨습니다. 물리·작업 치료실과 기자재를 구비하고 물리 치료사도 채용했지만, 저의 전문 영역이 아니어서 고심하던 차에 이 세 분을 통해 전문적인 서비스를 제공하는 기관의 확고한 기초를 다지게 되었습니다.

먼저, 대상 아동들의 개별 지원 프로필(ISP: Individual Support Profile)을 제작하여 전문적인 평가를 바탕으로 장애 학생의 현재 상태를 확인하고, 결과를 기록 및 정리하여 추후 발달 과정을 관찰할 수 있도록 하였습니다. 이는 향후 지속적인 평가를 통해 장애 학생에게 필요한 지원을 꾸준히 제공할 수 있는 토대가 되기 때문입니다. 또한 보조 과학기술(AT: Assistive Technology)을 작성하여 센터 내 교육, 이동, 자세 유지 및 일상생활을 쉽고 안전하게 할 수 있도록 하기 위한 보유 기기의 활용법과 개선점도 일목요연하게 정리해 주셨습니다. 더불어 강남대학교 학생들과 협력하여 'YO-JO 싸바이디 댄스', 현지 인사말인 '싸바이디'를 주제로 간단한 춤 활동을 함께 만들고 진행했습니다. 이 활동은 오전 수업 시간에 맞춰 참여자들이 서로 어울리고 신체활동을 촉진하여 하루를 활기차게 보낼 수 있도록 기획했는데, 그 반응이 실로 대단하여 센터의 새로운 루틴으로 확고하게 뿌리를 내렸습니다.

그리고 단국대 동문인 (사)다살림복지회 노용주 센터장님이 라오스로 오셔서 업무 교류 및 협약식을 가졌고, 욕창 방지 매트도 기증해 주셨습니다. 특수교육을 너무도 공부하고 싶어 단국대 일반대학원에 진학하여 시각장애를 전공한 제게, 한경근 교수님은 학교 동문들에게 소개하시겠다며 앞으로 새로운 만남의 지평이 열릴 것이라고 격려해 주셨습니다.

2024년 3월부터 2026년 2월까지 총 263회의 물들기 수업을 진행할 수 있었던 힘은 모판이 되어 준 강남대 특수교육학과가 있었기에 가능했습니다. 사회복지 차원의 센터로 기울지 않고 특수교육을 품고 비행할 수 있도록 양 날개의 균형을 잡아 주신 교수님들과 학생들에게 진심으로 깊은 감사 인사를 전합니다.

미술관 옆 대학로 소극장

소제목이 마치 노래의 한 소절 같습니다. 암호와도 같은 아이들의 낙서로 부분 도색을 자주 하면서도 혼낸 적이 없었습니다. 하지만 아이들 눈높이에 맞추어 작품을 걸어주고 싶은 욕심은 내려놨습니다. 어떤 돌발 상황으로 소중한 한지현 작가님[13]의 작품을 망칠까 싶어서랍니다.

사랑하는 정용우 장로님, 정영 권사님 두 분께서 같은 신촌성결교회를 섬기는 작가님의 출간과 전시회에 관해 귀띔해 주셔서 라오스에서 신간 서적을 바로 주문하고 인편으로 받았습니다. 서정시와 같은 작품들에 대한 배경 설명도 참 좋았고, 무엇보다 책으로 본 그림들임에도 하나하

---

13. 서울대학교 동양학과를 졸업하고 미술교육과 석사 과정을 수료한 후, 연년생 두 아이의 엄마로서 가족을 주제로 한 따뜻한 그림들을 그리고 있습니다. 개인전 '사랑하니까 엄마다 2017, 2018'을 시작으로 다양한 전시에 초대되었으며, 전시된 그림이 《가정, 내어드림》(이용규 저, 2017, 규장)의 표지와 전체 삽화에 사용되는 등 활발한 활동을 이어가고 있습니다.

나에 따스한 온기가 그대로 전해졌습니다. '이런 작품을 아이들에게 직접 보여줄 수 있다면 정서적으로 얼마나 좋을까?'라는 생각에 작가님께 개인적인 욕심과 바람을 담아 솔직히 말씀드렸습니다. 그런데 따뜻한 격려와 함께 선뜻 자식 같은 작품 12점을 기꺼이 보내주셨습니다. 손수 정성스레 포장한 작품을 받았을 때의 감격은 이루 말할 수 없었습니다. 한 점 한 점이 예쁘고 아름다워 얼마나 보는 이의 마음을 포근하게 하는지 가슴이 벅찼습니다. 색감이 빼어나고 따스한 작품들을 바라보며 장애 친구들의 마음이 따스한 온기로 가득하길 기도했습니다.

센터의 차가운 콘크리트 벽마다 향긋한 꽃이 피어 상상도 하지 못했던 미술관으로 변신한 순간, 걱정이 생겼다가 이내 혼자 웃음을 지었습니다. 도둑을 걱정했던 건데요. 라오스 도둑들은 고가의 장비는 들고 가

더라도 예술 작품을 보는 안목이 없기에 절대 손대지 않을 거라는 확신이 들었습니다. 이토록 아름다운 작품을 매일 감상할 수 있는 특권을 주신 작가님께 깊은 감사의 인사를 드립니다.

아이들에게 꼭 만들어 주고 싶었던 또 다른 공간은 영화관입니다. 극장에 설치하는 의자를 알아보기도 했지만, 대학로 소극장을 떠올리며 널찍한 계단식 좌석을 만들고, 태국에서 허그 빈백(Hug Bean Bag)을 주문했습니다. 이제 아이들은 푹신한 빈백에 기대거나 누운 채 팝콘을 먹으며 쩌렁쩌렁 울리는 스피커와 고품질 해상도를 뽐내는 프로젝터(projector)로 영상을 봅니다. 만화영화보다 오히려 자신들의 얼굴이 등장하는 YO-JO 장애인센터의 유튜브 채널 영상이나 쇼츠(YouTube Shorts)를 보여주면 환호성이 터져 나온답니다. 현장 학습과 바자회, 방비엥 여행, 사진전, 콘서트 등의 특별 행사 영상은 단골 메뉴인데도 보여줄 때마다 마치 처음 보는 것처럼 좋아해 주어 천만다행입니다.

평가회나 교사 교육, 시청각 교육이 필요할 때마다 즐겨 이용되는 시청각실을 따로 만든 것은 탁월한 선택이었습니다.

17

분수와 수영장 원가 셈법

　한 번도 시도해 본 적 없는 분수대와 수영장에 도전한 이는 비단 우리 뿐만이 아닙니다. 건축을 담당하는 현장 소장도 마찬가지인지라 염려가 되어 대화를 많이 나누었습니다. 이제껏 서로 쌓인 신뢰도 있었지만, 실은 전문업체에 맡기기엔 너무 비싸기에 다른 방도가 없었습니다. 그래서 너무 큰 기대와 어려운 요구는 자제했지만, 배수만큼은 확실히 신경 써 달라고 부탁했습니다. 그런데 혹시 또 누가 압니까? 진짜 머릿속 그림대로 잘 만들어질지요.

　드디어 2023년 9월, 뇌병변장애인 친구들의 균형 감각, 근지구력, 경직 감소를 위한 아담한 수영장을 완성하고 시범적으로 물을 채워봤는데 대성공이었습니다! 사실 훗날 침례식을 위한 목적도 있었지만, 작고 어두운 귀퉁이 방에 홀로 누워 있는 '껜쑤린'을 처음 만난 날, 문득 수영장

물 위의 침대형 튜브에 선글라스를 낀 채 누워 있는 그녀를 상상하며 다짐했습니다. 이 방에서 벗어나 수영장에서 누워 바라본 '눈부시도록 파란 하늘'을 선물하고 싶다고.

아직 마을에는 수도 시설이 없어 지하수를 쓰고 있고, 아이들 건강을 위해 수영장에는 소독약을 사용하지 않고 있습니다. 우기에 한바탕 폭우라도 내리면, 수면 위에 옅은 초록 물빛이 번져 탁한 녹차라떼처럼 보이기도 합니다. 한 번 물을 채우면 센터 아이들과 시민농인교회 아동부와 농인들이 사용하고 흘려보내는데 길어야 3일입니다. 수영장 난간도 어렵게 구하고 조명 공사로 정말 애를 먹었으며 수영장에 고인 빗물도 즉시 청소해야 하지만, 결국 끝내 해냈습니다.

벽에서 물을 뿜어내고 바닥에서 솟구치는 물줄기의 분수대는 형태가 애초 생각과 조금 달랐지만, 물이 나온다는 사실에 그저 감사할 뿐입니다. 분수대를 켜고

다들 근처 난간에 앉아 물방울 놀이를 시작하면 잔디 위 곳곳에 온통 무지개가 핍니다. 분수대와 수영장을 만드느라 마음고생한 건 말도 못할 정도입니다. 하지만 아이들의 행복한 미소와 함박웃음 딱 한 번이면 충분하다고 스스로 위로했습니다. 무엇보다 수영장에서 들려오는 아이들 웃음소리와 재잘거림이 그 어떤 음악보다 더 큰 행복을 선사합니다.

그래서 수영하며 즐기던 아이들의 행복을 머금은 사진을 액자에 넣어 현관 입구에 걸어 두었습니다. 그 사진을 볼 때마다 햇살 속에서 환히 웃던 그 순간이 떠올라 뿌듯해집니다. 아이들도 보는 즐거움이 쏠쏠한지 입가에 미소가 번진답니다.

18

웬~ 미용실?

손님들이 센터를 둘러보며 건네는, 곳곳마다 쏟은 정성이 보이고 사랑이 느껴진다는 칭찬과 격려는 저희에게 큰 위로가 됩니다. 건물 외관은 단순하고 깔끔합니다. 하지만 센터의 주인공인 아이들의 눈높이에 맞춰 알록달록 밝은 색상으로 칠해 지루하지 않고, 보는 이들의 마음을 즐겁게 해줍니다.

목적별로 공간을 나눈 각 교실에는 필요한 교구들을 채웠습니다. 특히 물리·작업 치료실에는 한국에서 새로 구매한 자동 신장·체중 측정기, 병원용 혈압 측정기, 보바스 침대, DK-1 초음파기, NEWMYO 전기자극 저주파 치료기 등 장비들이 컨테이너 물류를 통해 도착하자마자 배치했습니다. 향후 물리·작업 치료실은 마을 주민들에게도 '물리 치료 체험실'로 개방할 계획입니다. 또한, 작업 치료에 필요한 다양한 교구들은 특수교육 교보재 전문회사인 ㈜파티오에서 구입했습니다. 한국에 잠시 나갔을 무렵, '2023 홈케어·재활·복지 전시회'에 참석한 적이 있습니다. 거기서 ㈜파티오의 김태균 사장님을 만나 서로 소식을 나누던 중, 인천 산곡감리교회의 '실업인 선교회' 부회장이심을 알게 되었습니다.

그분은 "저도 미얀마에서 사업을 했기에 동남아시아 사람들의 문화와 성향을 알고 있는 사람으로서, 라오스에서의 사역은 하나님이 하시지 않고는 이룰 수 없는 역사라 생각합니다. 이번 만남으로 저도 왜 사업을 하는지 다시금 생각하고 도전받습니다. 앞으로도 지속적으로 협력하여 선을 이루도록 저와 제 주변을 통해 선한 일에 동참하겠습니다"라고 약속하시며 '실업인 선교회' 이름으로 바자회 판매용 물품, 장애 아동 간식, 농인들을 위한 푸짐한 선물 등을 네 차례나 보내주셨습니다. 이러한 하나님의 사람들을 통한 위로와 사랑으로 더욱 힘을 낼 수 있었습니다.

YO-JO 장애인센터 현관 자동문을 들어서면 바로 정면에 미용실이 보입니다. 미용실 입구에는 아담한 회전 기둥(Barber Pole)이 리듬에 맞춰 춤을 추고 있습니다. 처음 방문하신 분들은 미용실을 보고 의아해합니다. 오랫동안 장애 가정들을 방문해 장애인의 이발, 목욕, 손발톱 관리에 애를 먹었던 까닭에 그들을 위해 센터에 이 공간을 마련했습니다.

손재주 좋은 '분홈'이 주로 미용 봉사를 담당하는데, 장애가 있는 당사자 외에 가족들도 줄을 서곤 합니다. 특히 '자폐성장애'가 있는 친구들은

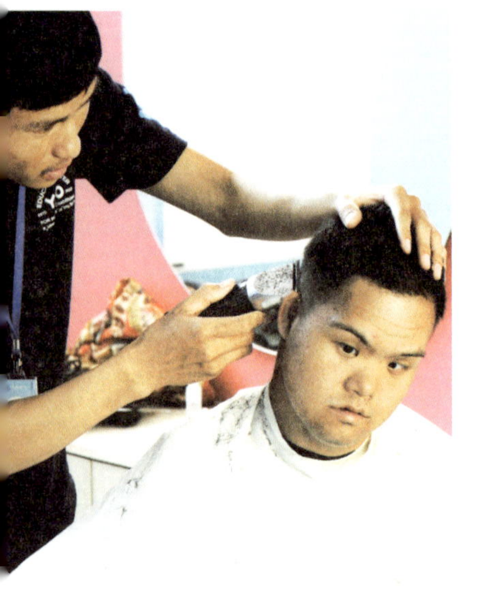

의자에 앉히고 붙잡아 두는 데 두세 명이 필요하기에 그동안 동네 미장원 이용이 거의 불가능했습니다. 그래서 센터에서 늘 세심하게 관리해 주고 싶었습니다.

또한 목욕을 부끄러워하는 사춘기 친구들은 머리를 감겨주는 미용 침대에 누워 관리받는 것을 좋아합니다. 특히 단기 선교팀 팀원 중 간간이 현직 헤어스타일리스트가 오시면 저희는 물론, 다른 동네에서도 소식을 듣고 손님들이 몰려옵니다. 자신의 가게를 닫고 멀리 라오스까지 날아오셔서 또다시 가위로 기쁨을 전하시는 귀한 헌신 앞에 머리가 절로 숙여집니다. 그리고 그분들이 귀국하시며 기꺼이 주고 가신 미용 도구와 용품들 덕분에 지금은 시내 미용실과 견주어도 전혀 손색이 없답니다. 그렇다 보니 센터의 미용실은 이제 아이들에게 아주 친숙하고 좋아하는 놀이터가 되었습니다.

19

공무원의 사과

라오스에 온 지 채 몇 개월 되지 않았을 때, 월세집에서 호기롭게 '장애인 교육·지원센터' 허가를 위한 심사를 받은 적이 있습니다. 장소가 협소하고 계단이 위험하다는 이유로 내린 불허 판정은 충분히 이해되었지만, 실내에서 구두를 신고 돌아다니던 당시 공무원들의 오만불손한 태도는 아직도 기억이 선명합니다.

이후 2021년 농림부 공무원들의 토지 용도변경 실사, 투자청의 법인 설립 건 외에 가장 중요한 교육부의 장애인센터 승인이 남아 있었습니다. 그러던 중 2022년 12월 9일에 마을 이장들과 마이초교와 농학교의 교사들, 농인 협회장, 교육청 부서장 등을 초대하여 송년회 모임을 가졌습니다. 교육청 부서장이 두 손을 깍듯이 모으며 농학교를 섬겨주어 고맙다며 인사를 했습니다. 아무래도 친한 농학교 교장에게 저희 얘기를 들었던가 봅니다.

이어서 준비한 라오스 음식으로 풍성한 식탁 교제를 나누고, 하이라이트 행사인 경품 추첨을 진행했습니다. 몸치인 제가 춤까지 추며 분위기를 한껏 띄웠답니다. 끝으로 전통춤을 같이 추며 흥겨운 잔치를 마무리하고 나서 모두가 행복해하는 모습을 보니 정말 뿌듯했습니다. 사실 교육청 부서장은 승인 심사 중인 YO-JO 장애인센터의 교육과정에 필요한 자체 교재를 만들고 제출하라며 자꾸 딴지를 걸던 장본인입니다.

여전히 심사가 남아 있던 다음 해에도 손님들을 초대했는데, 두 명의 교육청 공무원은 친척 결혼식 피로연을 빠지고 송년회에 와주었습니다. 수영장에 물을 채우고 야간 조명을 켜두었는데 한참을 바라보더군요. 그리고 시청각실에서 기념사진을 찍고 다른 교실도 눈여겨보더니 동영상을 찍었습니다. 곳곳의 센터 시설에 깜짝 놀라며 연신 라오스 장애인을 위해 일해주어 고맙다며 정중히 인사했습니다.

드디어 2024년 9월에 진행된 교육청 실사에서 각 교실 명패와 현관 입구에 라오스어 표기가 추가되었습니다. 그리고 2025년 11월에 있었던 상급 기관인 교육체육부 최종 실사에서는 센터 소개 책자 제작을 권고했습니다. 공무원들은 너무 바람직하게 운영하고 있어 정말 감사하다는 총평을 내놓으며 정중히 악수를 청했습니다. 매번 다과와 두툼한 봉투를 준비하고, 한국산 물품들로 된 선물을 받아서가 아니라, 저희 부부의 진심을 느끼고 공무원들이 감사해하는 이 순간을 위해 얼마나 인내했는지 모릅니다.

얼마 후 '장애아동 조기중재(Early Intervention) 프로그램 및 효과에 관한 연구 프로젝트'를 진행하며 알게 된 인제대학교 특수교육학과 유은정 교수님께서 이런 말을 전해주셨습니다. 한국에 온 라오스 교육체육부 공무원을 만났는데, 그가 먼저 YO-JO 장애인센터를 자랑삼아 소개하더랍니다. 한국인 사업가가 지원하는 센터라고 하길래 혹시라도 종교적인 문제가 생길까 싶어 애써 모른 척하셨지만, 라오스에서 모범적인 기관으로 소문났나 보다며 후일담을 전하시더군요.

장애인 교육과 복지 측면에서는 황무지나 사막 같은 라오스에서 공무원들이 '우리에게도 이런 장애인 시설이 있다'라며 자랑한다는 사실이 정말이지 감동입니다. 우리의 고되고 지친 발자국이 라오스의 장애인 교육과 복지, 선교에 진한 발자취로 남을 텐데, 외롭지 않도록 이 길을 함께 걸으며 손잡아 주신 무명의 동역자들과 이 기쁨을 나누고 싶습니다.

어디서 왔다가 어디로 간 거니

라오스에 정착하던 초반에 함께 한 직원 '판'과 '다오'와 '싸이'는 그리운 추억으로 가슴에 남아 있습니다. 이후 저희 부부가 가장 정을 많이 쏟았기에 '배신의 대명사'로 각인될 만큼 그 후폭풍이 컸던 '쩜생' 이야기는 기억하고 싶지도 않습니다.

장애 가정을 총괄하던 사랑하는 '팽'이 출산을 위해 휴직하면서 2021년 9월부터 '누'가 출근을 시작했습니다. 그녀는 저희가 2014년 12월에 찾은 장애인 가족으로, 중증 뇌병변장애인 '캄버'의 세 살 아래 동생입니다. '캄버'는 2019년 4월에 하늘나라로 떠났지만, 큰오빠인 '팀' 목사가 세운 딴텅교회를 줄곧 도우면서 만남이 이어졌습니다. '누'의 언니와 여동생은 태국에서 신학을 공부하고 태국인 사역자와 결혼했는데, '누'만 회계학을 전공했습니다. 어려서부터 누워만 지내는 중증장애인 언니를 도우며 자랐고, 인상도 선하고 몇 마디 나눠보니 마음이 평안해져 바로 직원 채용을 결정했습니다. 그런 그녀가 나중에 우리 둘째 며느리가 될 줄 그때는 상상조차 못했습니다.

센터 완공을 향해가며 주변 공사가 한창이던 2023년 10월 초, 신입 직원 채용을 위한 면접을 진행했습니다. 면접 질문지에서 성격, 경력, 지원 이유보다 더 눈여겨본 것은 장애인에 대한 자기 생각입니다. 눈에 띈 이는 우리가 섬기던 장애인 '녹'의 사촌이자 IT 전공자인 '나', 시각장애인의 가이드 러너(Guide Runner)가 되어 마라톤을 뛴 경험이 있다는 체육대학 출신의 '렁', 차량 전복 사고로 휠체어에 앉게 된 사촌오빠를 돌보는 간호사&물리 치료사 자격증을 취득한 주부 '리'였습니다. 특히 그녀는 센터에서 도보 10분 거리에 살고 있었습니다. 그리고 마케팅을 전공하고 성격이 적극적이며 활달했던 '띠야', 바로 옆집에 사는 중증장애인 '온너이'의 이야기를 건네며 생기 넘치던 '앙', 한국어를 전공하고 통역으로 농학교는 물론, 우리 센터와도 협업했던 '핑' 외에 주방을 책임진 직원 '푸'는 요리 경연을 통해 선발했습니다.

직원 채용을 확정한 후 간결한 회의 후에 즉각 실행을 즐겨하는 저는 신입 직원 첫 회의에서 3가지를 당부했습니다. "첫째도 장애인 사랑, 둘째도 장애인 사랑, 셋째도 장애인 사랑이며, 여러분들의 모든 것을 제가 믿는 신께서 보고 계십니다"라고요. 그런데 실은 그 말을 하는 저도 양심에 찔려 살짝 후회했습니다.

'누'가 진두지휘하며 농인 사역자 '분홈'과 7명의 신입 직원 선임으로 1년 동안 새로운 전환기를 맞이한 우리는 웃음과 활기로 열정 가득한 사역을 시작했습니다. 결혼한 '리'를 제외하고 20대 중반의 미혼 직원들은 서로 호흡이 잘 맞았고, 특수교육학 전공자가 아님에도 장애인을 사랑하는 마음이 날로 커졌습니다. 금요일에는 장애인 가정들을 교차 방문하고 상담하며 장애 가정의 위치를 익히고, 센터 수업이 있는 화, 수, 목에는 장애가 있는 친구들을 한 명씩 오토바이로 등·하원 시키는 수고도 감당했습니다.

각자의 개성과 특기와 전공을 고려하여 수업을 배정하자 시간이 흐를수록 교사의 능력도 향상되었습니다. '리'의 초음파기와 전기자극 저주파 치료기를 통한 정성 가득한 물리 치료는 앉아만 있던 '왕'을 걷게 했고, 컴퓨터를 전공한 '나'는 센터 행정업무의 짐을 덜어주었습니다. 말수가 적은 '렁'은 체육 수업을 담당했는데, 유독 '자폐성장애'가 있는 남자아이들이 잘 따랐습니다. 목소리가 크고 발음이 정확하며 유쾌한 '띠야'는 언어치료실에서 아이들과 놀이를 통해 말을 틔우게 했는데, 언어 발달에 문제가 있던 아이들이 어눌하지만, 입 밖으로 소리를 내기 시작했습니다. 노래와 춤에 달란트가 있던 '앙'의 음악 수업은 아이들에게 인기 만점이었고, '핑'은 수업 참여에 관심이 없거나 고립된 친구들을 세심하게 배려했으며, '푸'도 요리 실력이 쌓이며 내공이 드러나기 시작했습니다. 거기에 태국에서 신학을 공부한 누의 언니 '샘'이 비자 문제로 라오스에 석 달 정도 머무는 동안 조심스럽게 성경 교사로 초빙하기도 했습니다. 직원들이 활기차게 각자의 역할을 감당하며 아이들을 사랑으로 안아주는 모습을 보시고 단기 선교팀들은 감동과 함께 어디서 이런 직원들을 구했냐며 칭찬해 주셨습니다. 서로의 조화로운 협업으로 상승효과까지 보이기에 공동체를 섬기는 저희 부부도 직원들에게 정성을 다했고, 그들로 인해 항상 든든했으며, 아이들도 행복해했습니다.

그러던 2025년 5월, '띠야'를 시작으로 '핑'과 '푸', 10월에 '앙'과 '나'까지 총 5명이 돌연 사직서를 냈습니다. 2023년부터 라오스에서는 '한국 계절 근로자 프로그램'이 확산되어 하나의 문화로 자리 잡았습니다. 인플레이션과 경제난 심화로 고용의 불안정성이 커진 라오스에서 안정적인 외화 수입원이 가족 돌봄, 부채 상환, 생활비 충당 등 현실적인 생계 전략이라는 점은 이해합니다. 하지만 장애가 있는 아이들을 사랑하고 그들과의 동행에 행복해하던 교사들까지 목돈을 쥘 수 있다는 이유만으로 한국으로 훌쩍 떠나버리는 모습에 무척이나 상심하게 되더군요. 2025년 기준, 한국 내 라오스 근로자는 고용 허가제와 계절 근로자를 포함해 15,000명 이상이라는데, 센터를 떠난 5명의 교사가 밀양의 딸기농장에서 일한다는 소식을 듣고 마음이 착잡했습니다.

　그래서 여름방학 전, 인근 고등학교 졸업 예정자 반에 방문·홍보하여 아르바이트생 6명을 선발한 후 센터 단기 보조교사로 일하게 한 것은, 훗날을 위한 포석이었습니다. 그리고 여러모로 교사 구하기가 어려웠지만 나중에 합류했던 유치원 교사 출신 '깨오'가 출산 휴직을 하며 자신의 교육대학교 친구인 초등학교 6년 차 교사를 소개했고, 다른 직원들의 인맥으로 두 명을 더 구했습니다. 아직 더 많은 교사가 필요하지만, 낙심과 좌절보다는 새로운 전환점으로 삼고 돌파구를 찾으며 오늘도 묵묵히 전진하고 있습니다. 저희 부부와 교사들이 행복하고, 사랑이 넘쳐야 장애 가정에도 흘려보낼 수 있기에 직원 선발은 계속해서 정성을 들이고 있습니다.

(**2장**)

누구도 예외 없는 '가야 할 때'

홀어머니를 떠나 보낸 외아들의 슬픔을
위로하고 손잡아주신
넉넉한 사랑에 감사함 뿐입니다.

남겨진 가족들이 사랑으로 하나되어
가신 어머님의 믿음의 삶을 이어가며
라오스 장애인 선교의 밀알이 되겠습니다.

따스한 가슴
본질 추구
무명의 그리스도인

위 기도 제목을 위한
동역의 기쁨이 넘치길 소망합니다.

- 유가족 일동 -

제 명패는
'따스한 가슴으로
장애인을 사랑하다 잠든,
행복한 무명의 그리스도인!'이면
충분합니다.

나의 할머니, 메리 크리스마스

큰손주 김   선

2021년 12월[14], 절대 그렇지 않다고, 결코 그럴 리 없다고 믿고 싶은 일이 찾아왔습니다. 제 삶의 처음부터 12살까지 저의 모든 처음을 함께 해주셨던 분. 그리고 다시 만난 18살, 그 사춘기 시절에 완성되지 못한 저의 모남을 너른 품으로 다 품어주셨던 분. 삶이 바쁘다고 핑계 대기 아주 좋은 시간인 31살 막바지에 우린 다시 만났습니다. 절대로 듣고 싶지 않던 소식을 안은 채.

두세 달에 한 번씩 오고 가는 잠깐의 통화 속에서노 손사의 끼니를 걱정하던 그 사랑. 푹 고아질 대로 고아진 따스한 물음에도 뭐가 그리 꼬였는지 듣기 싫은 잔소리로 치부하던 못난이 손자. 전화의 끝자락에

---

14. 어머니 소식을 듣고 서울에 있던 큰아들에게 할머니와의 2,200km 여행을 권했습니다. 아내가 라오스로 모셔 오기 위해 나갔다가, 곡성에서 둘째와 막내딸까지 합류하여 여행을 마무리했습니다. 여행하는 동안 찍은 사진을 모아 앨범을 선물해 드렸더니, 라오스에서도 사진을 보실 때마다 늘 행복해하셨습니다.

항상 사랑한다고 고백하는 할머니에게 저도 사랑한다고 대답은 했지만, 정작 애인에게 표현하고 행동하는 것의 10%도 안 되는 아주 희미한 사랑을 건네는 손자에게 그럼에도, 수화기 너머에서 기뻐하시던 할머니.

한 사람의 사랑이 상대보다 월등히 커서 '사랑의 크기'에 대해 부등호를 사용해도 전혀 무리 없는 그런 두 사람이 처음으로 '낯선 여행'을 한 적이 있습니다. 한겨울임에도 낡은 가죽 재킷 하나와 깔깔이 수준의 외투 하나를 챙겨 나오시는 할머니를 보니 짜증이 울컥 올라왔습니다. 그런 저를 의식해서인지 할머니는 물어보지도 않은 외투 얘기를 늘어놓

으셨습니다. 가죽이 좋은 거라서 춥지 않다고, 30년이 더 된 옷임에도 끄떡없다는 말이 왜 그렇게 듣기 싫었을까요? 사실은 두꺼운 롱패딩을 입고 할머니를 마주한 저 스스로에게 오히려 짜증나고 싫었던 거였는데, 그땐 왜 몰랐을까요?

우리는 남원에서 출발해

고창, 전주, 여수, 남해, 고성, 거제, 부산, 울산, 포항, 안동으로 우리나라의 절반을 돌았습니다. 외식을 전혀 하시지 않는 까다로운 입맛의 할머니를 위해 좋아하실 만한 음식을 각 도시에서 찾는 게 힘들었지만, 이동 시간이 긴 탓에 우리만의 이야기를 공유하며 많이 웃고 정말 행복한 시간을 보냈습니다. 할머니는 고창에서는 내리는 눈을 보며, 여수에서는 차가운 겨울 바다를 보며, 남해 독일마을에서는 소시지를 드시며, 부산에서는 아기자기한 골목길을 다니며 아이처럼 좋아하셨습니다.

제가 바라본 할머니는 곧다 못해 부러질지언정 휘어지지 않는 분이셨습니다. 분명한 주관과 뚜렷한 자존감이 있는 분이셨습니다. 그런 할머니에게 어쩌면 가장 어울리지 않는 '치매'라는 병이 찾아왔으니 바라보는 주변인들은 상심이 클 수밖에 없었고, 받아들이기가 더욱 힘들었습니다.

그 여행은, 아닐 거라고 그럴 리 없다고 굳게 믿고 싶던 제가 가장 가까이에서 그 모든 것들을 인정하고 받아들여야 하는 시간이었습니다. 그래서 저는 할머니가 잠들고 난 뒤 매일 밤 숙소에서 나와 차에 앉아 울었습니다. 태어나 가장 서럽게 운 것은 아마 그때가 아니었을까 싶습니다. 이미 깊숙이 자리한 치매, 대처 방법이라고는 그저 지금 상태를 최대한 유지하며 더디게 흘러가길 바라는 것뿐이었습니다. '어쩌면 그 병이 굳

세고 단단한 당신에 대한 저의 무심함 때문은 아니었을까?' 하는 생각에
저는 더욱 가슴이 아파 흐느껴 울었습니다.

우리가 왜 집을 나와 여행을 시작했는지, 그제는 어디에 있었는지,
어제는 무엇을 했는지, 오늘은 무엇을 먹었는지 잊어버리거나 한참을
생각하거나 힌트를 드려야만 기억하시던 할머니. 이제 간절히 바라는
거라곤 그저 제 이름만은 잊지 않길, 기억해 주시길 바랄 뿐. '그 또한
할머니에겐 쉽지 않은 큰 욕심일 수도 있겠구나' 싶은 자괴감의 시간이
었습니다.

할머니와 함께 다니며 새롭게 알게 된 사실이 있습니다. 31년간 할머
니가 당연하게 해주셨던 역할이 있었는데, 그것은 바로 저의 '보호자'였
다는 것입니다. 어린 저에게 보호자가 꼭 필요한 존재이듯, 이제 어느덧
할머니도 보호자가 꼭 필요한 분이 되어 계셨습니다. 할머니를 보호할
책임을 안고 있는 사람. 그게 제 역할이었습니다.

여행이 끝난 지 어언 4년이 흘렀습니다. 가끔 할머니의 뻔한 잔소리가
지독히도 듣고 싶을 때가 있습니다. 시간이 많아도 한가하지 않고, 시간
이 없어도 부족하지 않던 아주 어릴 때부터 시작된 애정 어린 그 잔소리
가 없었다면 지금의 저는 모난 곳이 너무 많아, 쉽게 다른 이들에게 상처
를 주는 사람이 되었을 것입니다. 저를 둥그렇게 만들어 준 할머니. 지금
은 그토록 곁에 있고 싶어 하던 그분과 함께하실 것입니다. 우리 사이에

사랑의 크기가 이렇게 클 줄 몰랐는데, 지나고 나니 너무 커서 저는 감히 흉내도 못 내겠습니다. "그 큰 사랑으로 나를 발끝까지 덮어줘서 정말 고마웠고, 나도 할머니 진짜 많이 사랑해. 이틀이 지났지만 그래도 나의 할머니, 메리 크리스마스!"

– 2025년 12월 27일, 무더운 크리스마스가 지난 라오스에서

어머니를 보내드리며

강건하시던 어머니는 평생을 모셨던 1922년생 외할머니를 100세 되시던 2021년 1월에 하늘나라로 떠나보내셨습니다. 그 후 책임을 다하셨다는 안도감 때문일까요. 하반기부터 치매 증상을 보이기 시작하셨습니다. 늘 전화로만 안부를 전했기에 그런 사실을 전혀 모르고 있던 어느 날, 사랑하는 이모의 연락을 받고서야 사태의 심각성을 깨달았습니다. 그리고 곧장 결정을 내렸습니다.

여전히 코로나가 잦아들지 않던 2021년 12월, 아내가 홀로 한국으로 가서 자가 격리 후 남원에 계신 어머니를 모시고 1월 28일 라오스에 도착했습니다. 그리고 다시 라오스 정부의 지침대로 지정 호텔에서 1주일 동안 답답한 격리를 마치고서야 집에 오셨습니다. 이후 꼭 500일 동안 외동아들 내외와 낯선 라오스 생활을 하셨습니다. 우리는 치매가 진행 중이던 어머니와의 동행에서 희노애락(喜怒哀樂)의 진한 시간을 보냈습니다.

치매 환우를 가족으로 두신 분들은 다들 공감하겠지만, 남기고 싶은 추억보다는 애써 경험하고 싶지 않은 일들을 종종 겪게 됩니다. 그럼에도 라오스에 자리 잡고 곁에서 모실 수 있어서 얼마나 감사하고 또 다행인지 모릅니다. 어머니가 평생 외할머니를 극진히 모시던 모습을 보고 자란지라, 그에 비하면 만분의 일도 안 되겠지만 그래도 제 마음은 어머니와 같았습니다. 아들로서 최선을 다해 효도하지 못한 제게, 용서를 구할 시간을 선물해 주신 하나님께 진심으로 감사드립니다.

모든 중심이 어머니의 평안과 건강에 맞춰졌지만, 워낙 더운 날씨로 어머니는 힘들어하셨습니다. 그래도 안방 창문을 통해 조금씩 변해가는

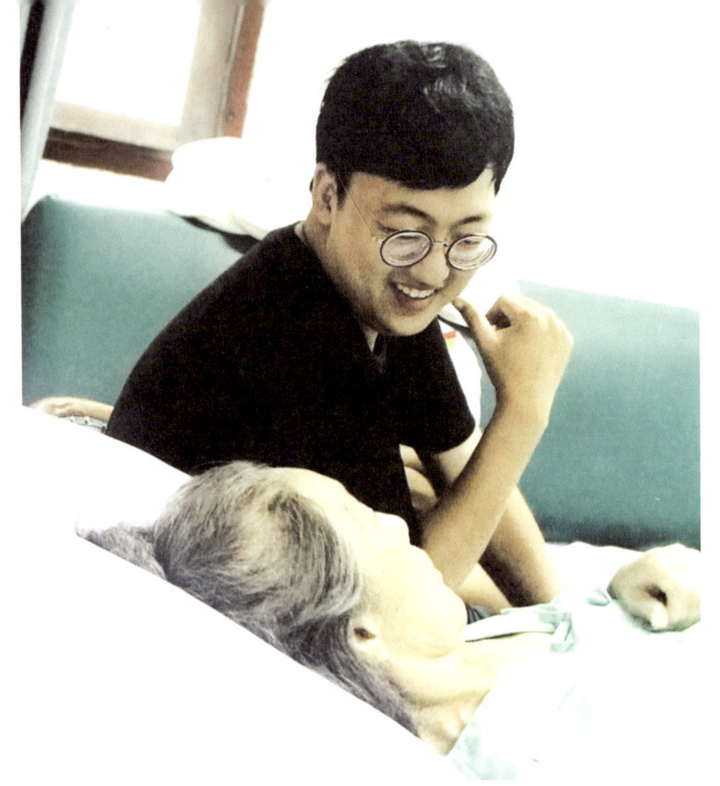

시민농인교회 건축 현장을 보시며 어머니는 매일 기도하셨습니다. 저는 그 '기도의 힘'을 전적으로 신뢰합니다! 아내는 정성을 다했고, '분홈'과 '눈'과 '누'도 어머니를 성심껏 섬겼습니다. 매일 창밖으로 건축 노동자들의 쉼 없는 움직임을 바라보시고, 평일에는 센터 직원들과 함께 지내셨으며, 주일이면 농인들이 와서 인사를 드렸으니 어머니는 따분할 틈 없는 일상을 보내셨으리라고 생각합니다.

그러던 중 동네를 산책하시다 길을 잃어 한바탕 소동을 겪으시더니 외출을 완강히 거부하셨습니다. 그 이후로는 식사도 잘 하지 않으려 하셨습니다. 한국에서 가져온 식사 대용의 영양 보충 음료도 드리고,

간호사를 불러 영양제도 놔드렸으나 아무리 권해도 식사를 외면하는 시간이 자꾸만 길어졌습니다.

음식을 거부하신 지 2주쯤 지났을 무렵, 비엔티안의 ASEAN 병원을 찾아가 걱정을 꺼내놓았습니다. 소규모 병원이긴 해도 당시에는 실력 있고 친절하게 설명도 잘 해주던 북한 의사가 근무하던 때라 교민들도 자주 찾던 병원이었습니다. 의사는 이 병원에는 장비가 없으니 좀 더 큰 103병원에 가서 CT와 MRI를 찍어오면 자신이 판독하고 진단하겠다고 했습니다. 결국 어머니의 병명은 '복막 중피종'. 복막에 생기는 악성 종양으로 드문 질환이라고 했습니다. 진단은 빠르고 차갑게 내려졌고, 이미 치료는 어렵다며 집으로 모시는 게 낫다고 했습니다. 그 말에 저는 세상이 한꺼번에 멈춘 것만 같았습니다. 한참을 멍하니 있다가 겨우 정신이 돌아왔을 때 깨달았습니다. 지금 내가 할 수 있는 최선은 남은 시간 동안 어머니와 화해하고, 용서하고, 손을 잡아 드리는 것뿐이라는 것을요.

문득 새벽에 안방을 살피다 어머니 곁에 잠들기도 하고, 낡은 사진들을 꺼내 추억의 이야기꽃을 피우기도 했습니다. 꼬여 있던 오해와 엉켜 있던 묵은 가족사의 상처들도 정성을 들여 하나씩 풀어가니 화석처럼 굳은 줄 알았던 서운함도 녹아내렸습니다. 라오스에 오신 날부터 사진을 찍고 그날의 일기 제목을 10글자로 함축하여 기록한 비공개 블로그를 보며 어머니를 추억하는 지금, 그때가 가슴을 쓸어내릴 만큼 소중한 '축복의 선물'이었다는 생각에 감사의 고백이 흘러나옵니다.

천국으로 가시기 며칠 전, 한국에서 아끼고 사랑하던 믿음의 동생 설인숙 권사님이 아들 도균이와 먼 길을 와주셨습니다. 어머니 손을 잡고 안아주며 기도하셨고, 좋은 말벗이 되어 곁을 지켜 주셨습니다. 공항 배웅 직전 어머니는 또렷한 어투로 담소도 나누고 과일 주스도 드셔서 무척 놀랐는데, 그게 마지막 힘을 내신 거란 사실을 이내 알게 되었습니다. 그로부터 며칠 뒤 평생 본인이 잠들었을 때 데려가시라고 기도하시던 대로 2023년 8월 마지막날, 어머니는 주님 품에 안기셨습니다.

이틀 동안 입관 예배와 천국 환송 예배를 인도해 주시고, 이어서 9월 6일에 유가족들과 수목장에도 함께 해주신 박성천 선교사님 부부에게 너무도 감사드립니다. 장례 기간에 많은 장애인 가정과 농인들, 그리고 라오스 지인들이 손잡아 주셨고, 마을 어귀 화장터로 이동할 때 긴 차량

행렬은 급히 한국에서 날아온 세 자녀에게도 큰 위로가 되었습니다.

9월 3일, 시민농인교회 예배를 드리고 농인들과 교제를 나누던 중 연락이 왔습니다. 화장터에서 온 전화였습니다. 가서 보니 어제 낮에 기름을 붓고 관을 태웠던 곳에 아직도 다 타지 않은 큰 뼛조각들이 보였습니다. 한국의 화장장 시설과 달리 라오스에서는 유가족들이 그 남은 뼛조각들을 집게로 건져내어 가져가는 것이 마지막 순서였습니다. 생각지도 못한 뜻밖의 상황에 적잖이 놀랐지만, 자녀들과 함께 뼈를 추슬러 일단 집으로 가져와 곱게 빻았습니다. 그리고 어머니가 늘 시민농인교회를 바라보시던 잔디밭의 큰 고목 아래에 모셨습니다.

평생을 믿음 안에서 한결같은 강직함으로 살아내신 어머니,

사랑합니다!

3

수목장 명패

"숨이 멎을 때까지

정직이란 두 글자를

있는 힘을 다해 지킬 수 있도록 도와주세요."

어머니의 유품을 정리하면서 발견한

작은 수첩의 낯익은 필체.

더 넘겨보니 그 안에서 발견한 가슴을 묵직하게 울린 문장이 있어

천국으로 떠나신 어머님을 기리는 수목장 명패로 만들었습니다.

나무에 부착하는데 눈물이 흐릅니다.

사랑하는 어머니의 유언을 죽을 때까지

절대로 잊지 않겠습니다.

"나의 목적지는 땅이 아니고 천국입니다!"

4

평생, '까임 방지권'

농인 언니 '애'와 역시 농인인 형부 '파이완', 건청인(健聽人) 외동딸 '빠너이'는 한 가족입니다. 그 가족의 월세방에 일식집 주방 보조로 일하는 농인 동생 '눋'이 얹혀삽니다. 시민농인교회에 열심인 '눋'은 낡은 오토바이가 늘 말썽을 일으켜 출퇴근에 마음고생이 심했습니다. 그러다가 2021년 7월, 항상 저희의 든든한 버팀목이신 구미 김미영 권사님의 후원으로 그녀에게 새 오토바이[15]를 사주었습니다. 몰래 사두었다가 퇴근 후 오라고 하여 전달하니 엉엉 울더군요. 함께 기도해 주며 최선을 다해 일하는 그녀에게 용기를 주었습니다.

그리고 코로나19가 한창이던 9월, 일식당에서 해고되었다며 상심해

---

15. 2017년 8월 구미 김미정 님, 2019년 6월 전주 김갑례 님, 2024년 9월 '구미 CTS 권사회 합창단', 2025년 12월 양산 유혜란 님, 이상 5회에 걸쳐 스텝, 농인 교인, 선임 직원, 농인 직원, 농인 사역자에게 오토바이를 후원해 주신 다섯 분께 진심으로 감사드립니다.

있는 그녀를 불러 연말까지 직원으로 일해보자고 제안했습니다. 이는 온전히 그녀가 그동안 보여준 성실함 때문이었습니다. 그러다가 저희가 먼저 그녀에게 정식 직원으로 출근을 요청했습니다. 항상 밝게 웃는 모습과 활달한 성격은 이미 알고 있었고, 쉬지 않고 스스로 일을 찾아내 빠르게 실행하는 면이 성격 급한 제 마음에 들었기 때문입니다. 계획한 것은 아니지만, '분홈'과 '눋' 두 명의 농인에 청인인 '누'까지 세 명의 직원과 일상의 밭을 성실히 일구며 나아갔습니다.

'눋'이 너무도 기특하고 고맙기까지 한 것은 어머니와 같이 생활하던 때입니다. 딱히 어머니를 부탁하지 않았는데도 출근 후부터 퇴근 때까지 둘 사이가 친할머니와 손녀 사이처럼 보였습니다. 수화를 모르는 어머니께서 한국어로 얘기하면 농인인 '눋'이 마치 그 이야기를 다 알아들은 것처럼 해내는 모습은 진짜 아직도 불가사의합니다. 장례식 때도 얼마나 울던지 오히려 제가 달래주었습니다.

어느 날은 외출하고 돌아오니 어머니 수목장 명패에 꽃을 걸어두었더군요. 어머니께서 좋아하셨던 꽃이라고 보고 싶다며 눈물을 글썽이던 '눋'! 이에 저희는 가족회의에서 평생토록 그녀에게 사랑만을 건네는 까임 방지권을 주기로 했습니다.

이후 그녀는 루앙프라방 농학교 교사인 농인 '엥'과 결혼하여 딸을 임신하고, 2023년 11월부터 육아 휴직을 했습니다. 그리고 2025년 8월에 복직했습니다. 저는 휴직 기간에도 그녀에게 매달 급여의 50%를 보내주었습니다. 그녀와 함께 행복한 일상을 만들어 가는 저희 부부에게 선한 이웃들과의 '만남의 복'을 넘치도록 주심에 감사드립니다.

5

특별한 강대상

어머니를 보내드리고 나니 아쉬움이 남습니다. 좀 더 긴 시간이 남아 있을 줄 알아서인지 홀연히 찾아온 '떠나심'을 미처 준비하지 못했습니다. 불교국가인 이곳은 고인을 모실 관에 있어서 선택의 폭이 거의 없습니다. 그래서 저는 죽음을 예비하며 기독교식 관을 미리 준비했습니다. 라오스에서 목공 기술로 제자를 양육하시는 임기환 선교사님께서 의미 있고 예술성이 담긴 관을 매우 정성스럽게 만들어 주셨습니다.

이것을 시민농인교회 예배의 강대상으로 활용하기 위해 무대 중앙에 올려놓았습니다. 그리고 궁금해하는 농인들에게 저의 관이라고 설명해 주었습니다. 아직 건강한데 무슨 소리냐며 다들 질문을 쏟아내자 저는 그들을 잠잠히 시키고 이렇게 말했습니다.

"우리 모두 죽음을 맞이합니다. 날마다 죽음을 기억하며 오늘을 열심히 살고, 다음날 아침에 감사함으로 일어납시다!"

제 수화 표현은 풍성하지 못했지만, 요지는 전달되었는지 우리 농인들은 주일마다 그 관을 바라보며 예배를 드립니다. 우리 모두 설렘과 사랑으로 아기의 출생을 준비하는 부모의 마음처럼, 각자의 죽음을 미리 준비하면 좋겠습니다. 친구들이 준비한 생일 파티에 가는 마음까지는 아니더라도, 극한의 두려움보다는 나를 지으시고 보내신 이의 함께하심, 기다리심, 인도하심을 믿고, 새로운 문을 열고 싶습니다. 제 생각에 미리 죽음을 준비하는 사람들은 더욱 진솔하고, 감사하며, 오늘을 성실히 살아갈 확률이 더 높지 않을까요? 그래서 우리 모두 유언장을 미리 작성하고 매년 수정해 가며, 장성한 자녀들과 장례식에 대한 부모의 뜻과 의지를 꼭 나누셨으면 합니다.

저는 라오스에 와서 제 독사진을 매달 한 장씩 모으고 있습니다. 나이

들어가며 변하는 얼굴을 보는 재미도 있지만, 장례식에서 보여줄 영상 재료로 아주 좋을 것 같아서입니다. 그리고 젊은 날 함께 울고 웃던 시각장애인 찬양단 '좋은이웃'의 찬양이 울리고, 마지막 곡은 꼭 '악동뮤지션'의 천재 이찬혁 군이 만든 '장례희망'을 들려달라고 자녀들에게 부탁해 두었습니다. 그 어떤 CCM 사역자들의 찬양보다, 수도 없이 쏟아져 나오는 그 어떤 설교보다 이 곡은 강력한 힘이 있습니다. 비기독교인들도 이찬혁 군의 노래와 무대 연출을 본다면 그가 믿는 하나님을 그대로 보게 되고, 우리의 타락한 형상에 가려졌던 기독교적 사랑의 실체까지 느끼게 됩니다. 하나님 믿는 것을 부끄러워하지 않는 것, 내 곁의 하나님을 가감 없이 드러내는 것, 하나님께서 스스로 일하시게 하는 것이야말로, 지금 시대에 가장 필요한 믿음의 형태입니다.

그리고 나면 저는 어머님의 수목장 옆 애플망고 나무 아래 묻히고, 자녀들이 명패를 달아 주겠지요. '따스한 가슴으로 장애인을 사랑하다 잠든, 행복한 무명의 그리스도인!'이면 충분할 것 같습니다. 가족들 곁을 떠난 뒤에도 저를 기억하는 것은 일구어낸 결과가 아니라, 어떻게 살아 왔는지 그 삶의 태도와 삶의 결일 테니 남은 시간을 더욱 정성으로 임해야겠습니다.

3장

사랑하면 보입니다

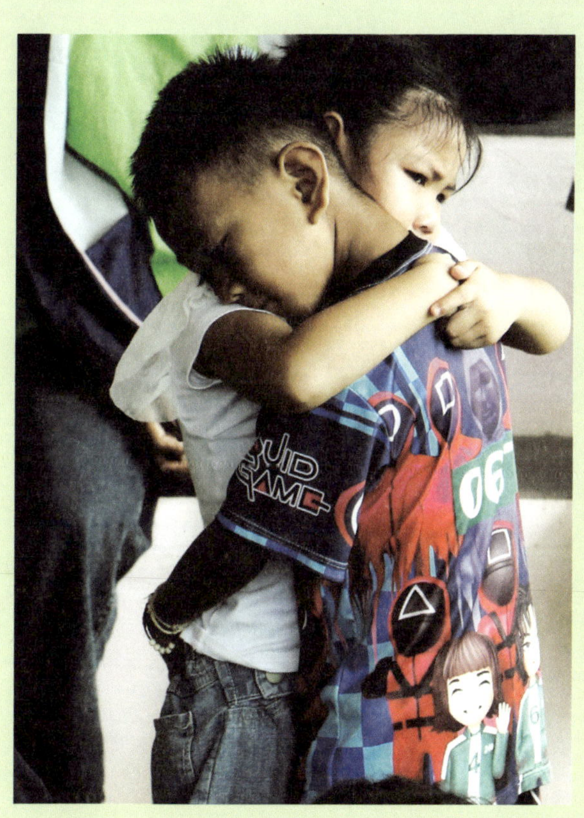

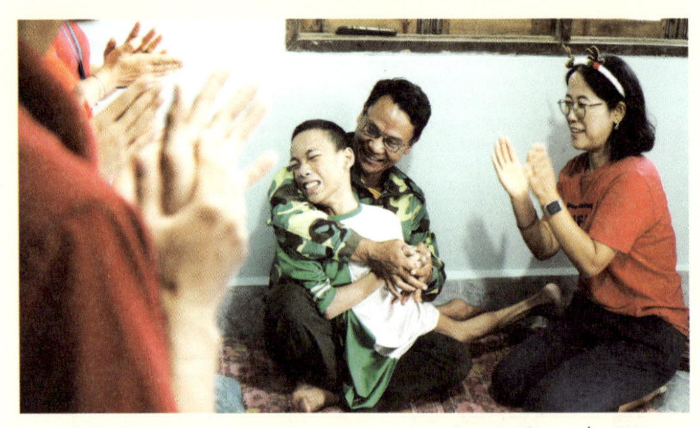

눈물 한 방울
미소 두 모금
웃음 세 스푼

오늘도 우리는 함께 빚어가는 소소한 일상으로
서로의 인생이 됩니다.

센터 로고&장애 인식 개선 간판

분명한 설립 목적이 있었기에 센터 로고에 대한 고민을 그리 많이 하진 않았습니다. 아래는 제가 젊은 날부터 참 좋아했던 인용구인데요. 아쉽게도 그 출처가 기억나지 않습니다.

믿는 이들의 애칭이
'이상한 새(Strange bird)'였으면 합니다.
루터가 그리스도인을 두고 했던 말입니다.
절망의 시간에 확신의 노래를 부르는 새
원망의 때에도 감사의 노래를 부르는 새
슬픔의 시절에 믿음의 감격을 노래하는 '이상한 새'[16]

16. 정확한 출처를 확인하던 중 루터의 저서 《갈라디아서 주석》, 특히 1535년 판 강의록에 있다는 정보를 확인하고 670쪽짜리 상·하권을 펼쳐두고 살펴보았으나 원전을 확인하지 못했습니다. 생성형 AI에게 도움을 받을 수 있을까 싶어 ChatGPT를 활용했는데 역시나 출처를 알 수 없었습니다.

장애는 분명 눈물 나도록 절망스럽고, 원망할 만큼 버겁고, 매 순간이 고통스러운 절규입니다. 그러하기에 창조주의 뜻을 구하며 역설적 감사와 감격을 노래하는 '이상한 새'가 되기를 그분께서는 더욱 원하시는 게 아닐까요. 하지만 결코 홀로 부를 수 없는 노래이기에 사회와 국가, 특히 그리스도인들이 손잡아 주어야 합니다. 그들과의 합창, 아니 피 끓는 떼창이어야만 합니다.

라오스 땅에서 장애가 있는 이들은 더더욱 역설의 노래를 부를 힘도, 날아오를 날개마저 상처 입은 상태입니다. 사회와 국가가 보듬어야 할 일들을 평생 오롯이 감당하는 부모와 친척들도 이미 탈진 직전입니다. 그 어떤 희망마저 품을 수 없는 땅이기에, 더 푸르른 소망을 꿈꿀 수 있음은 우리가 그리스도인이기 때문입니다. 그것이야말로 진정한 십자가인 것입니다.

센터 로고 디자인은 가장 신뢰할 수 있는 믿음의 최화 선생님께 '이상한 새'에 대해 설명하고 부탁드렸습니다. 새의 양쪽 날개를 비대칭으로 그려 장애를 상징화하고. 색감도 산뜻하고 정감 있게 표현해 주신 덕에 멋진 작품이 만들어졌습니다. 2009년 《춤추면 보인다》에 이어 지난번 《익숙한 두려움》의 책 표지 디자인도 오랫동안 기도하시며 기쁨으로 감당해 주셨는데, 선생님께 고마운 마음을 다시금 전합니다.

다만, 공식 문서에서 사용되는 장애(disability)라는 용어가 장애인을 '능력이 없는 존재'로 규정하는 뉘앙스를 가지기에, 'Person with a disability(상애 가신 이)'로 표기하려 했습니다. 그러다가 더 고민하여 장애인이 가진 특별한 교육적·사회적 요구를 강조하는 차원에서 출발한 'special needs'를 사용했는데, 이 표현 역시 문제가 있습니다. 이는 '특별함'과 '예외'를 강조하면서 분리와 시혜의 언어가 될 위험이 있기에, 앞으로의 추세는 권리 중심 표현으로 대체되고 있다고 합니다. 다음에 간판을 새롭게 바꿀 시기가 오면, 어떤 이유로든 '사회적 장벽에 직면한 사람들 (people facing barriers)'[17]이라는 표현을 사용하려고 합니다만, 이 역시 단점 이 있답니다. 호칭, 용어, 관점, 정의 등은 시대의 흐름에 따라 변화되기 에 주의를 기울일 필요가 있습니다.

한편, 시민농인교회 로고는 따로 만들지 않고, 전 세계 공용 표현인 'I Love You' 손 모양을 사용했습니다. '사랑해'라는 표현은 각 나라 별로 다르지만, 영향력이 큰 미국 수어(American Sign Language)[18]에서 온 이 표현 은, 우리 농인들이 헤어질 때도 양손을 흔들며 특별한 공동체 의식으로 사용합니다. 그리고 라오스 전역에 널리 알리고 싶은 마음에 포장도로 큰길가에 센터를 알리는 5m 높이의 입간판을 세웠습니다.

밤에는 불빛이 없어 사고 위험이 커서 설치했는데, 한국 선교사가 세 운 글로리 학교와 공동으로 경비를 부담했습니다. 그리고 글로리 학교 측에 양해를 구해 간판 위에 1m 높이의 손 모형을 추가했는데, 더욱 눈 에 띄고 예쁜 디자인이라 매우 만족스러웠습니다. 야간에 운전할 때도 멀리서 선명하게 보이는 것은 물론, 지나가며 서로 이 표현이 무엇을 의

---

17. 사회복지학 분야에서 병리적 모델과 대비되는 사회적 모델에서 'people facing barriers'라는 용어를 사용 하며, 장애와 관련된 모든 문제는 사회가 만들어 낸 문제라는 관점을 지향하고 있습니다. 이 용어의 가장 큰 단점은 장애인을 특정하여 지칭하는 용어가 아니라, 모든 취약계층을 포괄하는 용어라는 것입니다.
18. ASL은 미국과 캐나다 일부에서 사용되는 하나의 독립된 언어로, 문법과 어휘가 풍부합니다. 국제 기준처 럼 오해하기 쉬운데 세계적으로 영향력은 크지만, 국제회의나 올림픽 등 세계 농인 행사에서는 문법이 단 순하고 상징과 표정 중심이라 즉석 통역 없이 농인들 사이에서 의사소통이 가능한 국제 수화(International Sign, IS)가 사용됩니다.

미하는지, 손가락을 따라 해보는 등 자연스럽게 장애 인식 개선 교육 측면에서 긍정적 효과가 있답니다.

그리고 2027년에는 차곡차곡 모아둔 센터 아이들의 미소를 머금은 인물 사진을 달력에 담아 제작하고, 무료로 배포할 계획입니다. 이어서 아주 오래전부터 계획한 사업으로 '장애 감수성 교육 사업'이 있습니다. 라오스 국민을 대상으로 '장애인과 함께 찍은 사진 공모전'을 계획 중입니다. 모두가 욕심낼 만큼 큰 상금을 걸고,

장애인과 환한 웃음을 지으며 찍은 사진을 공모하여 사진작가가 심사하고 선정할 계획입니다. 다만, 공모 조건으로 장애인이 사는 마을과 이름 등을 같이 적어 보내달라고 할 겁니다. 장애 영역 중 사진으로는 구분이 어려운 농인은 제외할 거고요. 그렇게 되면 나리품 필지 않고 징애인들을 찾는 효과를 덤으로 챙길 수 있을 것입니다. 2028년에 꼼꼼하게 기획하여 시행할 것을 여러분께 약속합니다.

2

도둑님에게

센터를 건축할 때 건축 소장이 자재 빼돌림이나 장비 파손, 분실 등의 책임을 노동자들에게 분담시킨다는 원칙을 정하자 내부 단속과 예방이 가능하더군요. 하지만 외부에서 침입하는 도둑은 다릅니다. 그들은 설마 이런 것까지 훔쳐 가나 싶을 정도의 물건도 가져갑니다. 특히 다들 살림살이가 팍팍했던 코로나19 팬데믹 기간에는 좀도둑들이 기승을 부렸습니다. 구리를 팔기 위해 저지르는 전선 절도(Cable Theft)는 골칫거리이자 매우 흔한 일이었습니다. 건축 현장에 세워둔 정수기, 밖에 둔 가스통, 아이스박스 등도 표적이 되었습니다.

마을의 여러 집과 근처 글로리 학교도 도난당했다며 조심하라는 조언을 들었는데, 아직 한 번도 도둑이 들진 않았습니다. 그래도 예방 차원에서 경고문을 부착해야겠다는 생각이 들었습니다. 하지만 도둑질은 범죄고, 우리 현장은 맹견이 지키고 있으며, CCTV 등을 갖추고 만반의 대응을 하고 있다는 식의 경고는 역효과만 낼 거라는 판단이 들었습니다. 그래서 '진짜 어려운 사정이 있다면 함께 이야기 나누고, 같이 방법을 찾아봅시다'라는 식의 진정성을 담고 싶었는데, 길게 쓸 수 없어 다음과 같이 표기했습니다.

"장애인센터에 들어와 물건을 가져가지 마세요.
도움이 필요하면 언제든지 와서 말씀하세요."

그리고 긴 센터 담장을 따라 라오스어와 베트남어로 적은 3개의 권고문을 걸었습니다. 곰곰이 생각해 보니 이런 권고문 정노년 도둑님도 담장을 넘어오기 쉽지 않을 듯합니다. 아이들 사진까지 곁들여 감정에 호소한 이 권고문 덕분인지 여전히 센터에는 도둑님이 예를 지키고 있습니다. 사실 장애인센터에 고가의 장비들이 여느 곳보다 훨씬 많은데도 말입니다.

서로 돕는 아이들이 교사다

정녕 신비로운 사실이 한 가지 있습니다. 결코 센터 아이들에게 다른 이를 도와주라고 강요한 적이 없음에도 서로 부족한 부분을 채워주며 자발적으로 도와주는 모습을 볼 때마다 너무 감동스러워서 가슴이 벅차오를 때가 종종 있습니다. '지적장애'를 가진 이가 '자폐성장애'를 가진 아이의 손을 잡아주고, '발달장애'를 가진 이들이 '뇌병변장애'나 '지체장애' 친구들의 휠체어를 밀어주거나 식판을 가져다주는 모습입니다.

곰곰이 생각해 보니 교사들, 단기 팀원들, 강남대 학생들, 코이카 파견 팀원들이 우리 아이들을 섬기는 모습을 보고 자연스레 스며든 건 아닐까 싶습니다. 9시부터 직원들 오토바이 뒤에 타고 오는 친구, 부모가 등교시키는 아이, 지입 차량으로 등교하는 학생들은 오는 순서대로 일단 야외 놀이터에 모여 등반 놀이, 미끄럼, 시소, 트램펄린(trampoline) 등에서 놀면서 마음을 엽니다. 정각 10시에 '위싸이'가 큰 징을 울리면 모두가 '싸바이디 댄스'를 추고, 출석 체크를 위한 단체 사진을 촬영하고 입실하는데, 이때 서로를 도와주며 걷는 풍경을 바라보면서 저는 '하나님 나라'를 경험합니다.

다운증후군이 있는 '도도'나 '언'과 같은 형들은 아직 어린 '바비'나 '퓌닉'을 아주 살뜰히 챙깁니다. 같은 유형의 장애 속에서 피어나는 애틋함이 있나 봅니다. 다만 성(性) 정체성이 혼란스러운 '분썸'은 다소 겉돌면서도 상당한 말썽꾸러기입니다. 또한 꽤 많은 '다운 친구'들을 만나봤지만 '언'처럼 운동신경이 탁월한 친구는 처음 보았습니다. '도도'는 리듬을 타며 춤은 곧잘 추지만 체력이 약한데, 운동과 춤을 다 잘하는 '언'은 지구력도 있답니다. 한편, 92년생 '톤'은 2022년 7월에 처음 만났는데, 연로하신 부모 밑에서 너무 오랫동안 무관심 속에 방치

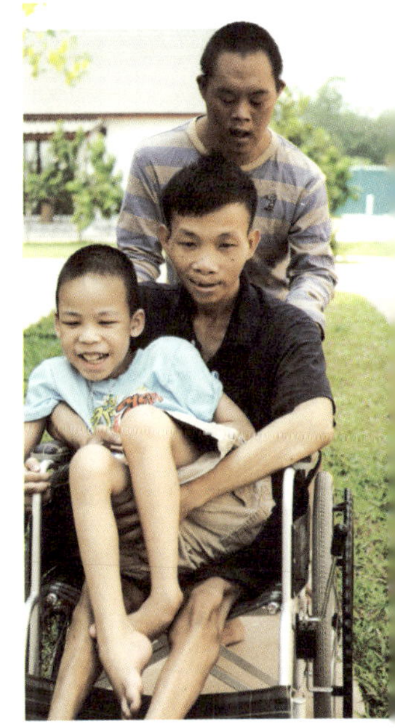

되어 마음이 아프기도 한 다운증후군 친구입니다.

그러고 보니 센터 개원 초반에는 서로 다투며 우는 소리도 간혹 들리더니, 요즘은 못 들은 지 꽤 오래된 것 같습니다. 이제 서로 물들어 가며 익숙해진 것이겠지요. 저는 그들을 보며 속으로 이렇게 되뇌었습니다.

"너희들과 함께 아침을 여는
우리의 일상이 가장 행복하단다.
이 사랑을 선물해 준 너희와
더욱 정성스러운 하루를 채워나갈게.
고마워♥"

정학생과 퇴학생 1호

발달장애가 있는 2010년생 '깐'은 태국 아빠와 라오스 엄마 사이에서 3남 중 장남입니다. 그러나 부모의 이혼 후 엄마는 그를 외할머니에게 맡기고, 두 남동생만 데리고 떠났습니다. 1980년생인 할머니는 등·하교 차량에 동행하는 교사로 일하고 있으며, 이 가정의 실질 가장이랍니다. 노동자인 외삼촌은 지방을 돌며 일하기 때문에 세 살 된 딸을 맡겼고, 이 네 식구 중 아이들 돌봄은 외증조할아버지가 감당하고 있답니다.

그런 '깐'은 자유로운 영혼으로 수업에는 선혀 관심이 없고, 센터 곳곳을 누비고 다니는 학생입니다. 센터는 기자재가 많은 4개 교실에만 번호 키를 설치했는데, 전자 기기에 관심이 많은 녀석은 어떻게든 비밀번호를 알아내 교사들을 당혹스럽게 합니다. 그러던 중 그가 코이카 '청년중기 봉사단' 1기 남자 단원인 서영훈 선생님의 스마트폰 패턴을 알아내 유료

게임을 설치하여 무려 346,000원이 청구되는 사건이 발생했습니다. 물론 그 금액은 당연히 센터에서 처리해 주었습니다.

어느 날은 각 교실 벽에 설치된 소화기를 사용하는 바람에 바닥이 온통 소화기 분말로 엉망이 된 적도 있습니다. 급히 CCTV를 확인하고 해당 영상을 보여줬음에도 녀석은 본인이 아니라고 우겼습니다. 또 주방에 들어가 라면과 간식을 가방에 챙겨가는 것이야 애교 수준이었습니다. 그 정도의 사건으로 '깐'이 1호 정학생이 된 것은 아닙니다. 결정적인 것은 교사실에 들어와 교사 사물함을 열고 선생님의 지갑에서 돈을 훔쳐 간 사건 때문입니다.

여러 차례 잘 알아듣도록 설명하고 다짐까지 받았고, 가정에도 통보하여 교육을 부탁했지만, 이 사건은 절대로 간과할 수 없었기에 한 달간 정학을 통보했습니다. 집에서 센터에 가고 싶다고 떼를 쓰며 엉엉 울었다는 소식을 듣고도 마음이 흔들리지 않았던 것은 이 기회를 통해 잘못된 행동을 고쳐주고 싶었기 때문입니다. 이후로는 식사 때마다 식탐으로 항상 많이 퍼가고, 중간에 더 가져가고, 결국 잔반으로 남기는 버릇 외에 별다른 사건은 없지만, 그래도 눈여겨 지켜보며 미래에 해커(hacker)로 키워야 하나 고민 중입니다.

1호 퇴학생 '왕'은 할 이야기가 너무 많지만 요약해 보겠습니다. 어려서 한 구순구개열 수술이 잘못되어 치아 2개가 코 밖으로 뚫고 나와 심각한 안면장애를 갖게 된 2000년생 '왕은 2015년 1월에 처음 만났는데, 그 순간 한국에 데려가 수술해 주고 싶다는 화살기도를 드렸습니다. 다시 수술을 받으면 죽을 거라는 점쟁이의 말을 두려워하던 엄마를 설득하고 책임진다는 각서를 쓰고서야 그를 데리고 2016년 3월 17일 한국으로 향할 수 있었습니다. 서울대 치대 최고 의료진들의 수술로 새롭게 태어난 그는, 교대로 병실 간이침대에서 자며 간호하는 저희 부부의 지갑에서 한국 돈을 훔쳤고, 1박 2일 횡성 여행에서는 '다비타의 집' 발달장애 친구의 스마트폰을, 그리고 귀국 이틀 전에는 제 지갑에서 또다시 라오스 돈을 가져갔습니다.

자기 아들이 수술에 성공하여 건강한 모습으로 귀가했음에도 감사 인사조차 하지 않는 부모를 보고 '그럴 수도 있지'라며 애써 이해했습니다. 그런데 생전 연락 없던 부모가 코로나19 팬데믹 동안 벽돌공장에 다닐 정도로 건강하던 아들이 주저앉게 되었다며 와달라고 했습니다. 근이양증 초기 증상이 의심되었는데, 왕진 의사의 치료 비용을 도와달라고 하더군요. 얄미웠지만 뇌병변장애인 동생 '하'를 배려해서 도와주었습니다. 그리고 센터 완공 후 물리 치료사인 저희 직원이 정성을 다해 집중 치료를 해주었고, 한참 뒤 드디어 홀로 걷기에 성공하게 되었습니다.

여기까지면 정말 아름다운 미담으로 끝나겠지만, 허무한 반전이 기다리고 있었습니다. 그 집안 8명의 자녀 중에는 뇌병변장애를 가진 다섯째 아들 '하'가 가장 예의 바르고 똑똑하고 사랑스럽습니다. '하'는 형을 위하는 마음도 기특하고 항상 저희 부부에게 먼저 감사 인사를 합니다. 그러던 어느 날, 야외 놀이터에서 도난 사건이 발생했습니다. 저는 '왕'이 조금씩 '팻띠' 가방 쪽으로 다가가 돈을 훔치는 영상을 확보했습니다. 당시 그는 장애에서 벗어나, 즉 비장애인 신분이기에 굳이 센터에 올 필요가 없었습니다. 그런데 '하'가 형과 다니고 싶어 하는 눈치였고, 어차피 집에서는 제대로 된 돌봄도 어렵기에 용인하던 시기였습니다. 따라서 엄밀히 말하면 퇴학이 아닌 자퇴가 올바른 표현인 것 같습니다.

우리는 전후 사정을 설명하고, 엄마에게 앞으로는 동생만 태워 오겠다고 전했습니다. 미안하다는 사과도 없고, 그러든지 말든지 시큰둥한 엄마의 표정을 뒤로한 채 돌아오는 길, 하늘은 무심하게도 구름 한 점 없이 푸르고 푸르렀습니다.

고마우면 감사하다고 표현하고, 잘못했으면 죄송하다고 사과하고 용서를 구하는, 상식을 지닌 라오스인으로 센터 아이들과 농인들만큼은 반드시 물들여 놓겠습니다.

5

단기 선교팀의 새 기준

인천공항에서 5시간 반이면 날아오는 거리지만, 한국에 계신 분들이 팀을 이루어 교육, 봉사, 섬김과 나눔, 선교를 감당하기 위해 라오스로 오신다는 것은 실로 엄청난 결단이 있어야 가능합니다. 그래서 직접 오셔서 헌신하시는 단기 선교팀들을 보면 참으로 귀하고 고마울 따름입니다. 다 내주길 기뻐하셨던 팀들은 저희 부부가 결코 홀로 걷고 있지 않음을 깨우쳐 주셨고, 고비마다 든든한 버팀목이 되어 주셨습니다. 교회 주보에 이름만 덩그러니 올려져 있는 선교지가 아니라, '함께 빚어가는 선교'를 추구하며 나란히 어깨동무해 주시는 교회와 성도들에게 감사를 전하고 싶습니다. 그리고 이제 이야기할 팀은 저희가 받은 선물이 크고 많아서가 아니라, 그 사랑을 전해준 청년들의 순전한 마음이 너무 귀하고 먹먹하여 소개합니다.

2024년 4월 어느 날, 한 통의 보이스톡을 받았습니다. 순천 더교회에 초청받아 설교했던 유튜브 영상을 보고, 그 교회 담임께 물어 제 연락처를 받았다고 했습니다. 광주 서림교회 청년부를 담당하는 이완기 목사님은 청년들과 세계 곳곳의 선교지를 가서 섬기는데, 인도차이나반도는 처음이라며 6월 말 라오스 단기 선교를 오고 싶다고 하셨습니다.

저는 오신다는 그분에게 3가지 약속을 부탁드렸습니다. 첫째, 장애인 주일을 지켜 주세요. 둘째, 지역 사회 장애인을 섬겨 주세요. 셋째, 라오스에 오시면 저희의 사역 방향과 진행에 따라 주세요. 그 말에 교회는 이미 청년들과 장애인 주일을 지키고 있고, 지역 장애인 섬김도 열심히 하고 있으며, 세 번째도 순종하시겠다고 약속하셨습니다.

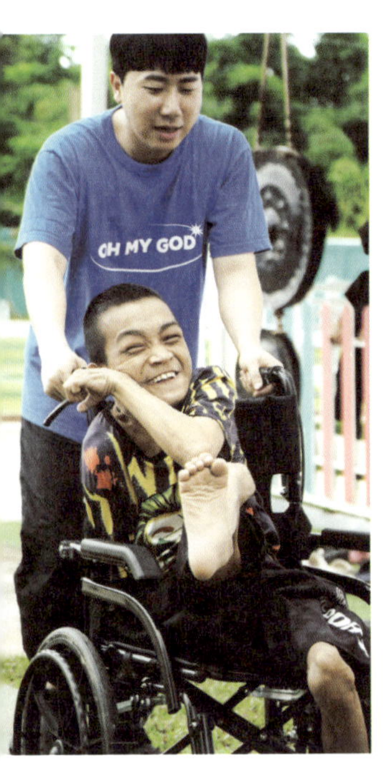

그리고 YO-JO 장애인센터가 개원한 지 얼마 안 되었다고 들었다며 각 치료실에 필요한 물품 목록을 보내달라고 하셨습니다. 그리고 오시기도 전에 휠체어를 비롯한 모든 물품 구매 비용을 보내주셨습니다. 21명으로 구성된 팀은 4일간의 센터 수업을 온화한 미소로 감당하고, 반마이초등학교 교무실 천장·바닥 공사비를 지원해 주셨습니다. 토요일 오전 특별 수업 후 전교생의 점심 식사도 섬겨 주셨는데, 학교 관계자는 개교 이래 전교생 급식이 처음 있는 일이라고 했습니다. 주일에는 시민농인교회에서 연합 예배를 드리고, 오후에는 농인들과 인조 구장을 빌려 체육대회와 경품 추첨도 했습니다.

그리고 귀국하는 마지막날인 7월 1일에는 당일 코스로 방비엥 여행이 계획되어 있었는데, 돌연 취소하고 장애인 가정들을 돌아보며 기도해 주고 싶다고 하셨습니다. 저는 이런 결정을 내린 팀을 처음 대하고 매우 놀랐습니다. 젊은 친구들이 여행을 마다하고 장애인 가정을 방문하고 싶다니요.

좀 남달라 보이긴 했습니다. 센터 2층 숙소에 머물 때 수시로 모여 무릎을 꿇는 장면을 자주 목격했고, 아이들 한 명 한 명을 사랑으로 보듬고 기도해 주는 모습이 감동이었습니다. 센터 수업 마지막날 오후에 아이들과 헤어지는데, 아이들 모두 눈물을 흘리고 함께 온 몇몇 부모들도 울던 모습을 평생 잊을 수 없습니다. 수없이 본 서림교회 청년부 사역 영상인데도 저는 볼 때마다 매번 눈물을 흘린답니다. 라오스 문화 체험으로 약속한 방비엥 여행 대신 그 경비로 선물을 산 후, 종일 빗속에서 스물여섯 가정을 돌며 나눠주고 기도해 준 이 팀을 저는 '바보 청년부'라고 불렀습니다.

공항 가기 전, 사택에 모여 마무리 시간을 가졌을 때 저는 이렇게 말했습니다.

"이번 여정이 젊은 날, 한때의 추억이나
한여름 밤의 꿈이 아니길 원합니다.
라오스가 계속 생각나게 해달라고 손을 모을 것입니다."

그리고 함께 예배드리던 이완기 목사님은 저희 두 아들에게 부모에 이어 '라오스에서의 삶'을 결단한 이유를 물으셨습니다. 모든 부모의 삶은 특별하지만, 장애인 사랑의 길을 한결같이 걸어오신 부모의 고단함을 가족애로 덜어드리고 싶은 결정이었다고 같은 세대인 아들이 고백하니 청년들에게는 더 큰 울림이 있었나 봅니다. 그리고 한 명씩 소감을 발표했습니다.

하나님의 인도하심으로 너무나 많은 것들을 보고, 느끼고, 마음속 깊이 품고 돌아갑니다. 날마다 이어지는 광야 속에서 하나님만 부르짖고 의지하며 사랑하기 위해 발버둥치는 모습들이 눈에 아른거립니다. 사랑을 건네고 부어주는 자가 더 큰 사랑을 느끼고 가다니 하나님의 섭리는 신기하면서도 아직은 어렵네요. 금세 당연한 일상으로 돌아가 잊어버릴까 봐 두렵습니다. 하지만 그때마다 고개를 들어 십자가를 보며 라오스의 모든 것을 잊지 않으려 간구하겠습니다. 가득한 사랑과 섬김으로 저의 삶을 물들여 주셔서 감사합니다. 사랑합니다.

– 임 원

비록 짧은 시간 선생님의 삶을 보면서 모두가 하나님의 사랑을 더욱 느끼고, 배움으로, 그리스도인으로 거듭나길 기대하게 되었습니다. 라오스에서 〈요 9:1-3〉 말씀과 같이 하나님의 하시는 일을 나타내고자 하심으로 장애인들과 만나게 하셨다는 것을 믿습니다. 우리는 이제 부르신 곳으로 돌아가지만, 라오스와 선생님의 가정을 기억하며 각자의 자리에서 하나님을 위한 삶들을 살아갈 수 있도록 기도하며 나아가겠습니다. 이번의 만남도 하나님께서 인도하셨음을 기억하며 이곳에서의 섬김을 잊지 않겠습니다.

– 홍영훈

    라오스와 우리의 사역을 잊지 않고 기도하겠다는 청년들의 고백이 계속 이어지자, 이완기 목사님께서는 "그 약속이 입술로만이 아닌 행동과 삶으로 보여주길 원합니다"라고 정리하셨습니다. 그리고 본인부터 1:1 결연 후원자가 되겠다고 약속하셨고, 지금껏 매달 3만 원씩 17구좌를 청년들이 섬겨오고 있습니다.

    아울러 그분들은 공항 가는 길에 장애인 가정을 돌아보니 아이들 베개가 너무 낡았더라며 봉투를 건네셨고, 자폐인 '캄라'의 방 확장 공사도 지원해 주셨습니다. 그리고 밤늦게 센터로 복귀하다 보니 동네가 너무 어두워 입간판을 크게 세우시면 좋겠다며 간판 비용을, 에어컨을 너무 많이 사용했다며 전기세까지 섬겨 주셨습니다.

그 후, 8월 26일 두 달도 채 안 되어 아이들이 너무 보고 싶다며 8명이 다시 왔고, 꼭 1년 뒤 여름 또다시 8명이 비공식으로 팀을 꾸려 방문하여 아이들을 안아주었습니다. 또한 센터 바자회 때마다 청년들이 중심이 되어 기증 물품을 모아 전남 광주에서 시흥에 있는 물류창고까지 직접 배송해 주었습니다. 그리고 라오스에서 받는 물류비도 따로 보내는 '집요한 사랑'에 저는 백기를 들었습니다. 2026년부터 완도 성광교회 담임으로 가신 이완기 목사님은 4월 12일에 2, 3부 설교와 저녁 예배를 라오스 선교 보고 시간으로 내주시며 계속해서 '함께 빚어가는 선교'의 손을 덥석 잡아주셨습니다.

6

코끼리와 자작곡

한성교회 '홀리킥 사랑부' 단기 선교팀과의 만남은 몇몇 분의 인연을 거쳐 연결되었을 뿐, 일부러 그 만남을 계획하지는 않았습니다. 한성교회 선교팀 역시 라오스를 의도하지 않았음에도 우린 결국, 주 안에서 함께 했습니다. 저희 부부는 팀의 일정을 준비하는 과정 내내 팀원들이 주께서 만나게 하신 뜻을 깨닫고 그대로 살아내기를 기도했습니다.

계획하고 있는 프로그램이 있으면 준비하시겠다는 노신일 목사님께 저는 아이들에게 평소에 못 보던 마술 공연을 보여주고, 코끼리를 태워주면 좋겠다고 제안했습니다. 목사님께서 섭외비 걱정은 말라며 흔쾌히 수락하신 후, 다른 동네에 있던 코끼리가 아침 내내 3시간을 걸어 센터에 도착했습니다. 저희는 코끼리에 오를 수 있도록 미리 탑승대를 제작하고, 코끼리가 배불리 먹을 바나나도 준비해 두었습니다. 저는 우리 아이들이 그날 얼마나 신났는지 그 감동을 팀원들 모두의 간증문을 모은 〈모든 것이 주의 은혜〉에 다음과 같이 썼습니다.

2025년 7월 15일, 오랜 마음의 숙제처럼 안고 있던 코끼리를 우리 아이들에게 직접 만나게 해준 그 특별함을 영원히 잊지 못합니다. 무섭고 낯선 세상처럼 느껴졌을 커다란 코끼리가 장애 가진 이들에게 친구처럼 다가왔듯이, 한성교회 사랑부를 통해 하나님의 사랑이 넉넉하게 전해졌음에 가슴이 벅찹니다. 센터 아이들을 사랑으로 안아주고 씻겨주고 먹여주신 그 따스한 사랑에 깊은 존경과 감사를 담아 전합니다.

이제 매주 마주하는 사랑부 아이들은 물론, 그의 형제, 부모와 한국 땅 장애인들의 아픔을 여러분의 고통으로 여기시고 더욱 큰 사랑으로 보듬어 주세요. 2026년 4월, 장애인 주일에는 더욱 큰 울림으로 한성을 흔들어 주시어요. 그러다가 너무 지치고 힘들고 외롭거든 여러분의 해외 별장인 라오스 'YO-JO 장애인센터'와 '시민농인교회'로 언제든 날아오시어요. 센터 아이들과 시민농인교회 아동부 쇼맹이들이 어러분들의 사랑을 기억하며 꼬옥~ 안아줄 겁니다.

이상한 새

작곡 : 정현영
작사 : 김 요

　그리고 개인적으로 인상적이었던 장면이 하나 더 떠오릅니다. 제가 오래전 써 두었던 '이상한 새'라는 찬양 가사에 피아노를 전공한 정현영 청년이 곡을 쓰고, 찬양 인도자인 정승환 간사님과 양 희 청년이 찬양을 부르니 잔잔한 감동이 전해지더군요. 제 가사의 부족함을 곡이 살려준 만큼, 더욱 멋진 편곡을 부탁했습니다. 하지만 이 찬양이 믿는 이들에게 유명해지기를 바라지는 않습니다. 그저 가사처럼 하나님께서 눈물짓는 그 땅에 우리의 시선이 향하고, 주님이 아파하시는 영혼에 우리의 손길이 머물고, 가슴 시린 곳에 우리의 발길이 향하길 기도합니다. 그분의 시간표 안에서 우리가 다시 만나 이 찬양을 함께 부르면 눈물이 절로 흐르고 가슴이 더 뜨거워질 것만 같습니다.

KOICA(한국국제협력단) '청년중기봉사단'

먼저 우리 아이들을 진실한 사랑으로 품어준 1기(2024.6.26~12.26), 2기(2025.2.24~6.23), 3기(2025.8.25~12.23) 청년중기봉사단 단원들께 진심으로 감사드립니다! 아이들의 함박웃음은 여러분의 사랑 덕분이며, 그로 인해 한 뼘 더 성숙해진 아이들은 분명 여러분들로 인해 행복을 느꼈을 것입니다. 우리 아이들이 보석의 원석임을 알아봐 준 여러분의 탁월한 식견과 따스한 마음밭을 사랑합니다!!

강남대 특수교육학과의 라오스 단기 해외 특수교육 봉사에 이어, 이번에도 존경하는 강창욱 교수님께서 국제 개발·협력 활동을 수행하는 전문기관인 코익스(KOICS: Korea International Cooperation Service)와의 협업으로, 코이카 '장애·인권' 분야 '청년중기봉사단' 사업에 선정되셨습니다. 기수별 10명의 선발 인원 중 장애인 단원 5명이 포함된 '청년중기

봉사단'은 라오스에 도착한 후 YO-JO 장애인센터에서 1주일 동안의 '현지 적응 훈련'을 마치고, 센터와 농학교에 각 5명씩 4개월 동안 파견 되었습니다.

'청년중기봉사단'과의 협업은 개원 후 4개월 남짓 지난 시점에서 센터 가 도약하도록 날개를 달아 준 소중한 기회였습니다. 그리고 장애가 있 는 아이들뿐만 아니라 현지 직원들에게도 매우 선한 영향력을 끼쳤습니 다. 또한 이는 기수별로 각 팀의 목표를 구체화하여 센터 이용인의 신체 적·정신적 역량을 강화하고, 봉사단 활동이 끝나더라도 지속 가능한 수 업 시스템을 마련하는 등 장애 인식 개선과 포용적 지역 문화 조성 측면 에서도 거의 만점에 가까운 활동이었답니다.

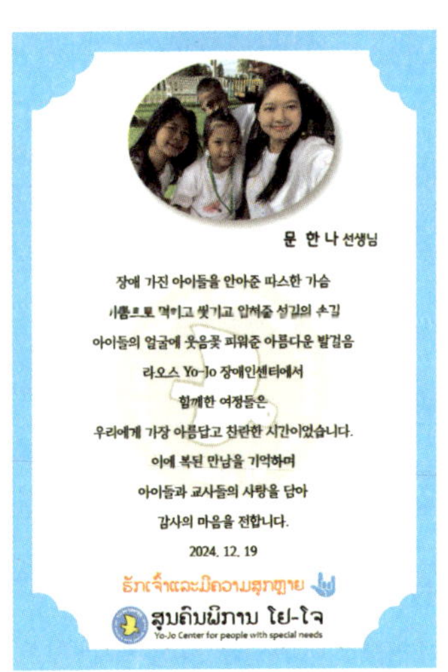

센터에서 진행되는 주요 5개 과목 인 미술, 음악, 체육, 요리, 일상생활에 각각의 수업 목표를 수립하고, 10주에 걸쳐 다양한 수업 준비, 실습 능력 평 가, 목표 달성 평가, 수업 평가는 물론, 주요 관찰 아동에 대한 평가와 세심한 수업 일지 작성까지 어느 것 하나 나무 랄 데가 없었습니다. 가장 인기 있던 과목은 요리 수업이었는데, 에그마요

샌드위치, 우유 프렌치토스트, 우유 떡, 망고 라씨, 생과일 크레이프 롤 케이크, 할로윈 간식, 빼빼로, 계란 과자, 에그 타르트, 오레오 아이스박스 케이크 등 일일이 손에 꼽지 못할 만큼 많은 활동이 진행되었습니다. 이에 현지 교사들도 라오스 요리를 가르쳐 보겠다는 자발적 의지를 보였답니다.

또한, '청년중기봉사단'은 특별활동으로 경제와 직업을 주제로 한 직무 교육과 안전 교육, 작업 치료학과에 재학 중인 3기 정유나 선생님의 상지 소근육 운동 수업, 현지 교사 역량 강화 수업 등도 충실히 임해 주었습니다. 더불어 배움의 지평을 넓히는 측면에서 기수별로 A·B반 현장 체험학습을 진행하였고, 마을을 돌며 전단지를 나누어 주는 수고를 마다 하지 않은 덕에 두 번의 바자회도 성황리에 마쳤습니다. 또한 1박 2일의 방비엥 여행과 미니 캠핑, 장애 가정 사진전 등 다채로운 활동으로 아이들의 얼굴에는 환한 웃음꽃이 피었습니다.

특히 기수별로 '코이카 현장 사업 지원'이라는 명목으로 센터 로비에 직무 교육을 위한 카페를 만들고, 쇼케이스 냉장고, 냉동고, 오븐, 블랜더, 녹즙기, 전기 떡볶이 조리기, 캐노피 천막, 탁자, 85인치 TV, 스피커 등 포용적 학습환경 조성에 애써준 고마움도 잊을 수 없습니다. 그리고 '남는 건 영상뿐'이라며 기수별 단원들을 압박한 덕분에 얻은 51개의 유튜브 쇼츠(YouTube Shorts)와 6개의 동영상이 담긴 YO-JO 장애인센터 유튜브 채널[19]은 서로를 기억하는 매개체이자, 제가 매일 시청하는 보물이랍니다.

세 기수 모든 봉사단원들이 한결같이 가장 깊은 울림을 준 시간이었다고 고백한 금요일 '재가 장애인 가정 방문 교육'에 최선을 다해준 '청년중기봉사단'. 여러분은 자신들이 생각하고 평가하는 것 이상으로 훨씬 멋진 청년임을 꼭 기억하세요. 여러분들은 가족사진조차 없는 장애 가정에 가슴 아파하며 사진을 전공한 3기 김민서 선생님을 중심으로 가족사진을 찍어주고, 전시회를 열어 멋진 작품을 액자로 제작해 모든 가정마다 전달해 주셨습니다. 모쪼록 그 따스한 가슴이 식지 않기를 기원합니다. 그리고 절대 잊지 마세요. 여러분과 헤어짐을 알고 서럽게 울던 '분마'의 눈물을!

또한 제 개인적으로도 감사한 것이 있습니다. 20대 젊은이들과의 세대 차이에서 오는 오해가 존중으로 바뀌고, 그들을 통해 다양성에 대한 감수성이 생겼다는 것입니다. 여전히 부족한 저희 부부는 더 정성을 다해 이 길을 걸어가겠습니다. 항상 낮은 곳, 소외된 이들에게 시선을 두고, 그들과 함께 걷는 삶을 견지(堅持)하시길 응원합니다.

마지막으로 이들의 활동에 대한 감회를 2기 송이경 단원이 귀국하며 저희에게 건넨 손 편지로 마무리하려 합니다.

---

19. https://www.youtube.com/@YoJoCenter 구독과 좋아요는 큰 격려가 됩니다.

지난 중간 성과 보고회 때 센터장님의 "이 활동에 진심으로 임했는지는 본인이 가장 잘 알 것"이라는 말씀이 오래도록 마음에 남았습니다. 한동안 '과연 나는 진심을 다했을까?'라고 스스로에게 되물으며 생각하는 시간을 가질 수 있었습니다. 처음에는 자신 있게 말할 수 없었지만, 아이들과 함께 보낸 시간을 하나하나 떠올리며 그 순간들을 위해 고민하고 준비했던 제 모습을 되짚어 보았습니다.

그리고 어느새 저도 모르게 마음을 많이 쏟고 있음을 느낄 수 있었습니다. 출근하지 않는 날이면 아이들이 생각나 수업이 기다려졌고, 함께할 수 있는 시간이 더욱 소중하게 느껴졌습니다. 아이들과 더 많이 웃고, 안고, 이야기를 나누고자 하였고, 그 마음들이 곧 제 진심이었음을 이제는 알 수 있습니다.

또한 활동 내내 센터장님과 조 선생님을 가까이서 지켜보며 정말 많은 것들을 배우고 느꼈습니다. 누구나 쉽게 말하고 생각하는 것들을, 하지만 실천하기는 어려운 일들을 묵묵히 해내시는 모습을 보며 깊고도 마르지 않는 사랑이 무엇인지 느낄 수 있었습니다. 그 깊이를 감히 가늠할 수는 없지만, 저도 앞으로 그 마음을 본받아 살아가고 싶습니다.

– 2기 송이경 단원

8

현장 체험학습

'뭐가 저리도 좋을까?' 싶을 만큼 아이들의 행복한 모습을 보면서 문득 어릴 적 추억이 떠올랐습니다. 그저 소풍을 떠난다는 사실만으로도 모든 게 즐거웠던 시기가 생각나 센터 아이들과 세 번의 나들이를 마치며 혼자 다짐했습니다. 앞으로 틈만 나면 센터 밖, 사회 속으로 탈출하겠다고요.

현장 체험학습을 위해서는 1:1 봉사자가 필요하고, 참여하는 아이들이 많아 A·B 팀으로 나눠 차량[20]을 배치해야 합니다. 프로그램은 이틀 농안 A팀과 B 팀이 똑같이 신행뇌지만, 개성들이 상해 선혀 나른 느낌입니다. 그리고 각각의 현장 체험학습마다 즐거워하는 아이들의 사진을 찍어 그중 멋진 사진을 인화한 후 각 가정에 선물합니다. 현장 체험학습을

---

20. 2024년 3월 말, $54,000짜리 오토 승합차 차량을 선계약했는데, 인수 대기가 통상 1년이라더니 아직도 연락이 없습니다. 그런데 그새 $63,000로 올라 구입 시기가 더 늦어질 것 같습니다. 하여튼 저희는 1호차를 '하랑호'로 결정했습니다.

떠나기 전 하얀 티에 그림이나 색을 입히고, 단체 티에 센터 로고를 새겨 단체활동 중임을 표현하기도 합니다.

극히 한두 명을 제외하고는 가족들과 외출하여 작은 사회를 마주하기가 쉽지 않은 형편이라 아이들은 체험학습을 통해 경험하는 모든 것들을 직관적으로 흡수한답니다. 새로 생긴 'Big C Mall' 안의 실내 놀이터, 탓루앙과 빠뚜싸이를 구경한 첫 번째도 처음이라 좋았고, 두 번째로 진행한 트릭아트 박물관과 동물원은 공간 자체가 주는 재미에 푹 빠졌지만, 너무 멋진 사진들이 많아 선별하는 어려움을 이겨내야 했고, 세 번째 현장 체험학습 장소였던 팍슨(Parkson) 백화점의 넓은 'Magic Park'는 아이들에게 최고의 인기였습니다. 그리고 즐거워하던 인생네컷 포토 부스(Photo Booth) 촬영은 아이들에게 신세계였습니다. 점심 식사 중 지나가던 태국 관광객이 관심을 표현하며 다가와 태국 돈을 후원해 주고, 차에 탑승하러 줄지어 가는데 모르는 라오스 분이 몇몇 아이들에게 고액권 지폐를 한 장씩 주기도 했답니다.

코이카 봉사단원들의 애씀과 수고가 있었기에 가능했지만, 때마다 기막히게 등장하는 한국 후원자들의 도움은 큰 은혜였습니다. 유스비전 선교회 장용성 목사님, 류호정♡노서원 부부, 박경하 장로님, 김미영 권사님 등 숨은 주인공들이 계셔서 얼마나 감동이었는지 모릅니다. 하나님께서 복된 손길을 기억하시고, 기뻐하시리라 믿습니다.

장애가 있는 이웃들을 섬기는 것이 우리의 예배입니다!

그나저나 올해는 '큰 공원형 물놀이장에 데리고 갈까?', '박물관은 별로겠지?', '또 어디 새로 생긴 재미난 곳이 있나?', '사람들 많은 곳으로 가서 우리의 존재 자체로 소리 없는 울림을 줄까?', '라오스 국립대학교 학생들을 어떻게 자원봉사자로 연결해 볼까?', '라오스 회사에 후원도 좀 알아볼까?' 등등 생각이 꼬리를 물며 즐거운 상상을 하고 있습니다.

아름다운 동행

2025년 2월 양산 새빛교회에서 지원하여 완공한 라오스 딴텅교회 건축 공사를 책임지고 잘 마무리한 제게 담임목사님께서 감사의 선물을 하고 싶다며 바라는 바를 물으셨습니다. 저는 주저 없이 장애인들과 함께 1박 2일 방비엥 여행을 가고 싶다고 답했고, 예산을 물으셔서 엉겁결에 500만 원이라고 말씀드렸습니다. 그런데 정말 약속대로 2025년 3월 말에 보내주셨고, 한 달 동안 준비하여 4월 말에 방비엥 여행을 다녀왔습니다.

그런데 총인원 67명이 최고급 리조트에서 숙박하고, 식사비, 버스비 등 실제 비용을 산정하다 보니 다소 부족했습니다. 때마침 기막힌 시점에 라오스로 가족여행을 왔던 김윤서 청년이 105만 원을 특별 후원해 주었고, 방비엥 T-Mark 리조트 김기창 사장님의 배려와 사랑이 담긴 할

인으로 ‘660만 원짜리 가장 행복한 특별 여행’을 다녀왔답니다. 일등 공신은 코이카 ‘청년중기봉사단’ 모두를 진심과 정성으로 섬기는 엄구원 매니저님인데, 디지털 분야 봉사단원들까지 자원봉사자로 참여하도록 독려해 주신 덕분에 진행할 수 있었습니다. 가장 무거운 ‘먹’을 친동생처럼 살뜰히 챙긴 매니저님과 봉사단원들의 헌신적인 섬김이 없었다면 아마도 기획조차 불가능했을 것입니다. 귀한 마음 소중히 간직하겠습니다.

대형 버스 두 대는 방비엥 시내 진입이 불허되기에 다섯 대의 1톤 트럭에 나눠 타고 인터파크(Inter Park)로 향했습니다. 식사와 아이스크림을 먹으며 자연을 즐겼는데, 자갈길이라 휠체어를 미는 봉사자들이 애를 먹었답니다. 이후 리조트에 도착하자 다들 환호성과 탄성이 이어졌습니다. 방을 배정해 주고 한 팀은 카약을, 다른 팀은 야외 수영장에서 방비엥 산세의 기막힌 전경을 바라보며 물놀이를 즐겼습니다.

부드러운 음식이 필요한 중증 친구들은 외부 음식을 사다 먹이고, 다른 이들은 리조트에 특별 주문해 저녁 식사를 했습니다. 늦은 밤까지 야간 수영을 하고, 다음날 이른 아침부터 호텔 조식 후 다시 시작된 물놀이와 주변 산책 등으로 봉사자들이 지쳐갈 즈음, 아이들에게 꼭 보여주고 싶었던 블루라군으로 향했습니다.

수많은 관광 인파 속에서도 유독 눈에 잘 띄는 우리 팀은 느긋한 점심을 먹으며 마치 우리를 위해서라는 듯 나무 위에서 점프하며 즐거움을 주는 이들에게 박수를 보냈습니다. 짧은 여정을 마무리하는 게 아쉬웠는지 비엔티안으로 가는 버스 안은 흡사 가을철 단풍 구경 가는 한국 관광버스 같았습니다. 센터 직원들이 아이들을 붙들고 노래하고 춤추는데, 그 열정만큼은 한국과 라오스가 결이 같다는 생각이 들었습니다. 이윽고 고속도로 끝 지점에는 아이들을 집까지 데려다 줄 승합차들이 대기하고 있었습니다.

미리 섭외해 이번 여행 일정 내내 줄곧 동행 취재한 라오스 국영방송에는 촬영 수고비와 교통비, 리조트 숙박권도 제공했습니다. 얼마나 많은 라오스인들이 방송을 시청했는지보다 더 중요한 것은 아름다운 동행

을 바라보며 기뻐하실 그분이십니다.

사실 여행 내내 못 데려온 아이들과 아직 방비엥 여행을 경험하지 못한 농인 가족들, 먼저 하늘나라로 떠난 이들이 생각나 눈에 밟혔습니다. 자신의 조국인 라오스의 아름다운 자연을 마음껏 누리지 못하는 여건이 마음 아프고 가슴이 아려왔습니다.

다녀온 지 제법 시간이 지났는데도 이 아름다운 동행의 후유증은 끝나지 않았습니다. 장애 가정에서는 조심스럽게 "또 언제 가냐"고 묻고, 센터 아이들은 당차게 "어디로 가냐"고 묻곤 합니다. 말로 표현이 힘든 친구들은 식당에 액자로 걸어둔 현장 학습과 방비엥 특별 여행 사진을 물끄러미 바라보다가 자기 얼굴을 찾아 손가락으로 가리킵니다. 다시 가고 싶다는 표정이 다시 가야만 한다는 절실함으로 보입니다.

이번 여행이 끝이 아닌, 새로운 시작이길 간절히 기도합니다!

바자회, 사진전&콘서트

마을 사람들은 우리 센터 앞에 포장된 100m 도로를 일부러 이용합니다. 우기에는 조금 돌아가더라도, 비록 짧더라도 유용한 건 사실입니다. 숙소에 단체 손님이 머물고 조식 준비 일손이 필요하면, 일부러 마을 사람을 구해 두둑한 봉투와 선물까지 건넵니다. 이장이 마을 사업에 협조 요청을 하면, 다른 이들의 기부액을 묻고 그보다 더 큰 도움을 주려고 노력합니다.

길 가다 만난 시각장애인 '껭'의 소원인 집을 지어준 곳도 바로 이 마을입니다. 그때는 저희 부부가 이 곳에 살게 될 줄 상상이나 했을까요. 덕분에 이 마을의 장애 가정들은 더 많은 섬김의 손길이 닿습니다. 게다가 반마이초등학교에 가장 든든한 힘이 되어준 지도 12년째입니다. 또한 건축 기간 내내 조금 비싸도 마을 자재상에서 구매하고 즉시 결제해 줍니다. 그 주인은 김 선생님만큼은 믿으니, 외상으로 얼마든지 가져가도 된다고 하더군요. 주변에서 센터에 대해 어떤 말들이 오가는지는 알 수 없지만, 지역 사회에 뿌리내리고 더불어 살기 위해 최선을 다해 왔습니다.

그런 상황에서 처음 시도하는 '바자회'에 마을 주민분들이 몇 분이나 와서 호응해 주실지 자못 궁금했습니다. 2024년 12월 7일 오전 10시에 시작인데, 두 시간 전부터 모여든 사람들로 인해 깜짝 놀랐습니다. 장애가 있는 친구들도 역할 분담을 하고 연습한 대로 각자의 자리를 지켰습니다. 경쾌한 음악에 발달장애가 있는 아이가 마이크를 잡고, 어눌한 발음이지만 바람잡이 역할을 했습니다.

품질 좋은 물품을 저렴한 가격에 판매하니 그 반응도 대단했습니다. 적자를 각오한 저렴한 가격은 마을 주민을 위한 첫 바자회인 만큼 좋은 입소문을 기대하고, 코이카 2기 바자회를 겨냥한 포석이기도 했습니다. 한편으로는 미처 생각지 못한 '장애인식 설문조사서'를 준비한 단원들이 대견하면서도 고마웠습니다. 한국 음식 판매대의 그 많은 김밥은 순식간에 동이 났고, 컵밥 형식의 돼지불고기는 인색하지 않게 듬뿍 담아주었습니다. 아이들과 함께 만들어 파는 생과일주스도 주문이 밀려들었고, 예상치 못한 흥행으로 아쉽게도 물건이 없어 12시에 마쳐야 했습니다. 그래서 늦게 온 주민들에게는 미안함을 전하고, 생필품을 선물했습니다.

진짜 손이 많이 가고 급하게 진행되었던 바자회 행사에 기쁨과 감사로 물품 후원을 해주신 군산 시민교회와 광주 서림교회 청년부, 송보길·홍영훈 청년, ㈜파티오 김태균 대표님, 박경하 장로님, 김선영 사모님께 진심으로 감사드립니다. 저희는 두 교회의 깊은 사랑을 잘 알고 있습니다.

2025년 5월 24일 두 번째 바자회날 아침. 전날 늦게까지 천둥소리를 들으며 최종 점검하고 새벽에야 잠들었는데, 밤새 내린 비가 감사하게도 9시를 넘어가며 그쳤습니다. 10시 반에 시작인데 역시나 일찍부터 주민분들이 많이 오셨습니다. 입장 전에 '장애인식 설문조사서'를 작성하도록 했는데, 마치 수능시험을 치르듯이 작성해 주셨습니다.

드디어 아이들과 직원, 단원들의 축하 무대가 차례로 이어졌습니다. 수익금을 목적으로 하지 않고 경품 추첨이란 미끼를 뿌린 덕분인지 비가 많이 내렸음에도 주민분들이 본당을 가득 채워주셨습니다. 특히 이때의 바자회에는 지난 방비엥 여행 때의 국영방송 촬영팀도 왔답니다. 우리 아이들이 다녀온 방비엥 여행 영상, 애써 준비한 무대, 나아가 그동안 만든 미술 작품들도 감상하며 장애가 있는 친구들이 직접 만들어 파는 음료도 마시고 물건도 구매하며 서로 소통하는 이 모습 자체가 제가 꿈꾸던 세상이었습니다. 끝으로 행사 후 마지막 뒷정리까지 함께 한 코이카 단원들에게 진심으로 감사드립니다.

2025년 12월 6일에 코이카 3기 팀과 함께 만들어 낸 '장애인 사진전&콘서트'의 성공적인 행사는 애써 주신 단원들 모두가 주인공으로, 참으로 멋지고 부러운 젊음을 가진 분들이있습니다. 여러분들과 함께 일구어 온 내내 참 행복했습니다. 중증장애인 가정들을 방문하여 건강을 살피고, 말동무가 되어 주며 준비해 간 수업을 한 3기 단원들은 가족 기록부에 장애가 있는 친구들 사진이 거의 없다는 말에, 아예 가족사진을 찍고 액자를 만들어 선물하자는 의견을 제안했습니다. 그렇게 시작된 장애인

사진전에서 김밥, 떡볶이, 음료, 아이들이 요리 수업 시간에 만든 쿠키를 팔고, 초대 가수 공연과 경품 추첨을 홍보하기로 했으며, 다리품을 팔아 시장과 마을을 돌았습니다. 역시 성황리에 마치면서 내린 결론은, 이제 코이카 단원들이 떠나도 센터는 올해부터 연 1회, 12월 바자회 개최를 상설화하기로 했답니다.

지금도 기수별로 묶인 단체방에서 소식을 나누는 단원들. 1기 변현서 선생님은 이후 두 차례, 2기 정소윤 선생님은 한 번 더 라오스에 와주셨고, 한국에 저희 부부가 나가서 재회하기도 합니다. 나이 든 우리와의 만남이 뭐가 재미있고 유익하다고 늘 안부 인사와 만남을 노력하는지, 그 모습이 감동입니다. 만나면 우리 센터 아이들 이야기꽃만 만발하는데도 그게 너무 좋은 우리는 진짜 바보들입니다.

11

'파킴'이 떠나고 '퓌닉'이 오다

정말 귀여운 다운 친구인 2020년생 '파킴'의 엄마는 새벽 3시까지 야시장에서 서빙을 하고 동틀 무렵에야 단잠을 청하곤 했습니다. 가구를 조립하고 배송하는 남편과 교대로 아이를 돌보는 모습에서 아들을 무척이나 아끼는 마음이 느껴졌습니다. 선천성 심장질환으로 입술이 새파랬던 아이의 환한 웃음과 귀여운 미소는 천사처럼 너무나도 사랑스러웠습니다.

그 아이가 2024년 9월 27일 중환자실에 입원했다는 연락을 오후 늦게 받고 곧바로 병원으로 향했습니다. 면회가 엄격히 제한된 병실로 먼저 들어간 저는 멀찍이서 아이의 얼굴을 바라보며 기도했습니다. 그리고 아내 차례에선 감사하게도 손을 잡고 기도해 줄 수 있었습니다.

"파킴, 눈 떠봐. 일어나 센터 가야지. 보고 싶어. 사랑해"

　잠시 후, 간호사가 도파민 투여 여부를 묻길래 즉시 하겠다고 답했습니다. 그런데 의사가 이 병원에는 도파민이 없다며 비엔티안의 얼라이언스 병원(Alliance International Medical Centre)에 유일하게 약이 있으니 구해오라고 했습니다. 같이 간 두 아들을 오토바이 편으로 급히 보냈지만, 병원 내 약국 문이 닫혀서 살 수 없다는 연락이 왔습니다. 두 아들은 병원 측에 아무리 부탁하고 설명해도 어쩔 수 없다는 대답만 한다며 답답해했습니다. 라오스는 본래 이렇습니다! 결국 포기하고, 내일 아침 8시에 문을 열자마자 사기로 한 후, 아이가 그때까지 버텨주길 간절히 손 모았습니다. 마음이 힘들어서인지 몹시 고단한 하루를 보내고 나서야 귀가할 수 있었습니다.

　아침 7시, 아이 엄마에게 전화를 걸어 문 열자마자 사서 가겠다고 하니 의사가 투약 시점이 지났다며 오전 동안 경과를 지켜보자고 했답니다. 애타게 연락을 기다리던 중 아이를 집에 데려가라 했다고 엄마가 흐느끼며 전화했습니다. 그리고 늦은 밤 또다시 온 전화는 예상대로 아이의 엄마였고, 호흡이 멈추었다는 부고 소식을 전했습니다. 그 도파민 정맥주사가 대체 뭐라고, 병원에 그런 약도 없는지 라오스답다는 생각에 울화가 치밀어올랐습니다. 결국, 먹먹한 가슴을 부여잡고 계속 눈물 흘리는 아내를 다독이며 장례를 준비하자고 애써 담담한 척 말했습니다.

　다음날 코이카 단원들을 태우고 '파킴'네 집으로 조문을 갔습니다. '분홈'이 센터에서 함께 활동하던 아이의 사진을 액자에 담아 엄마에게 전하니 더욱 슬퍼했습니다. 직원과 단원들이 아끼고 사랑하던 아이를 떠나보내며 모두 눈물 흘렸고, 가슴 아파하는 부모를 다독이며 안아주었습니다.

장례식 다음날은 주일이었지만, 떠나보낸 아이 때문에 마음도 적적했고, 오전 내내 이어진 정전으로 더 힘든 하루였습니다. 그래도 아동부 아이들의 해맑은 웃음소리가 열어둔 창문 너머로 가득 퍼지며 위로가 되었습니다. 코이카 1기 단원들과 달려간 장례식장에서 식이 끝나갈 즈음 직원들을 모아놓고 얘기했습니다.

"우리가 아이들을 사랑할 수 있을 때 정성껏 사랑하자.
마냥 우리를 기다려줄 수 없는 아이들이니까. 떠나는 '파킴'처럼."

센터에서 '파킴'의 소식을 들은 '꽈싸이'는 하루 종일 울었습니다. 며칠 뒤 그동안 센터에 걸어두었던 그 아이의 액자 사진 세 점과 수업받으며 활동했던 사진 40장을 인화하여 앨범에 담아 엄마에게 선물했습니다. 그녀는 아들이 그리울 때마다 꺼내보겠다며 연신 고마워했습니다. 그래도 가장 큰 위안은 2022년 9월에 처음 만난 그 아이가 겨우 짧은 반년의 시간이었지만, 센터에서

우리와 함께 사랑했다는 사실입니다.

그런데 '파킴'이 떠나던 날, 중증이던 2017년생 '삐야'도 하늘나라로 갔다는 연락을 받았습니다. 같은 날 두 명을 떠나보내긴 처음이었습니다. 부모가 이혼하며 아이를 조부모에게 떠넘기고 사라졌는데, 양육한 지 3년 된 할아버지는 건축 노동자로 일하고, 할머니는 손자를 돌보며 건축 현장에서 허드렛일하고 있었습니다. '삐야'가 아파서 입원했는데 비싼 병원비를 친척에게 빌려 걱정이라는 연락을 받고, 퇴원 후 고향인 방비엥으로 간다는 두 분을 센터로 오시도록 했습니다. 전주 새벽별교회 결연 후원 구좌를 4개월치를 선지급하고, 구미 은혜로운교회 단기팀으로 왔던 이난희 청년의 특별 선교비를 더한 후, 나머지 부족한 금액은 센터에서 채워 건넸습니다. 그 돈을 받고 떠나기 전 할머니는 눈물을 글썽이고, 감사 인사를 여러 번 하며 안아주셨더랬습니다. 그랬던 '삐야'도 '파킴'과 같이 먼 길을 떠났습니다.

그런데 2025년 7월, 2021년생 새로운 다운증후군 친구인 '퓌닉'이 부모와 센터에서 상담을 받았습니다. 환하게 웃는 모습이 하늘나라로 먼저 간 '파킴'의 미소와 겹쳐 가슴이 뭉클했습니다. 이후 흥이 많은 '퓌닉'은 센터를 대표하는 얼굴로 많은 이들의 사랑을 받고 있답니다.

12

장애인 부모 뒷이야기

할 말이 참 많으면서도 어디까지 공개할 것인지 조심스러워 마음이 복잡합니다. 라오스에 첫 발을 디뎠던 2014년 11월, 모든 것이 낯설었던 사역 초기부터 장애 가정을 찾아내고 사귐을 가지며 그들의 거짓말에 속기도 하고, 도저히 이해 안 되는 행동들에 속상한 적도 참 많았습니다. 실망하고 낙심하고 후회하고 흐느낀 적이 없다면 그게 더 이상한 일이겠지요. 그러면서도 장애인을 생각하면 그저 너무 속상하고 안타깝고 애처롭고 측은하고 애잔하고 가슴이 아파서 '라오스의 가난'을 원망했습니다. 도대체 어디서도 발견되지 않는 '희망'[21]이란 녀석은 애초에 존재하지 않

---

21. 근현대 중국 문학의 아버지라 평가받는 '루쉰'은 단편소설 《고향》에서 "희망이란 원래 있다고도 할 수 없고, 없다고도 할 수 없다. 그것은 마치 땅 위의 길과 같다. 원래 땅 위에는 길이 없었다. 걸어가는 사람이 많아지면 그게 곧 길이 되는 것이다"라며 "우리 삶을 구원하는 것은 막연한 희망이 아니라 우리 스스로의 구체적인 행동 하나하나다"라고 말했습니다.

는 허상인 것만 같았습니다.

쌍둥이 오빠는 건강한데, 2000년생인 여동생 '우완'은 지체장애가 있습니다. 결혼 후 태국에서 일하는 그녀의 큰언니가 돈을 벌어 송금한 돈으로 어머니는 라오스에 새로 건축한 집에 살고, 장애가 있는 그녀는 바로 앞 허름한 집에서 지냅니다. 일도 안 하고 딸이 보낸 돈으로 생활하면서 어머니는 놀러 다니기 바빠 그녀는 방치되어 있습니다. 목욕을 안 시켜 지독한 냄새를 풍기는 데도 전혀 관심이 없습니다. 한번은 여직원이 골목길 입구에 차를 세우고 '우완'을 들어 안으려는데 힘에 부치더랍니다. 그걸 보고 옆집 아저씨가 도우려고 하니 "도와줄 필요 없어. 센터 직원들 월급 많이 받고 하는 일이라니까"라고 하더랍니다.

귀엽고 미소도 매력적인 2009년생 '람응언'은 가장 외곽에 살지만, 정이 든 묵은 세월 때문에 수요일 차량 봉사하는 운전사에게 특별히 부탁한 아이입니다. 차라도 밀리면 정말 고생인데 시장에서 장사하는 엄마가 아이를 데리고 가면 갔다고, 친척 집에 있으면 거기 있다고 말해주면 될 것을 여러 차례 애를 먹였습니다. 하루는 먼 길을 갔는데 집에 없기에 다른 가정도 고려해서 그 아이를 못 데려왔는데, 운전사에게 손가락 욕설 이모티콘을 보내더랍니다.

2000년생 '쏨오'는 3세 정도의 지능을 가진 채 성장이 멈춘 특이한 경우입니다. 남편과 사별 후 혼자 돌보는 엄마는 배달 차량을 운전하는 못된 큰아들에게는 말 한마디도 제대로 못합니다. 오빠란 놈은 아픈 동생이 방에 같이 사는데도 아무 생각 없이 실내에서 담배를 피우고, 엄마는 그 딸을 센터에 안 보내도 되니 1:1 결연 후원금이나 더 많이 달라더군요.

2015년 8월 2일, 공항 삼거리 교차로에서 나란히 신호 대기하던 오토바이에서 만난 2005년생 '도도'는 다운증후군입니다. 생수 배달을 하다가 마트 경비를 하는 순둥이 아빠는 욕심 많은 엄마에게 잡혀 삽니다. 하루는 엄마가 다른 장애인 가정들은 보수 공사를 해주면서 왜 자기 집 신축 공사는 안 도와주냐며 따지더군요. 그리고 자기는 10원이라도 돈을 내라고 하면 '도도'를 안 보낼 테니 알아서 하랍니다.

자폐성장애가 있는 2009년생 '아누씬'은 정감 넘치면서도 이목구비가 뚜렷했습니다. 엄마는 집 앞마당에 작은 가게를 하고, 아빠는 경찰입니다. 방문할 때마다 출근하여 안 보이던 아빠를 어느 날 만났는데, 인상과 태도가 별로였습니다. 센터 건축 전이라 매달 결연 후원을 고민하고 있었는데 아빠가 그러더군요. 내 아들은 누나들이 잘 돌보고 있고 어디 보낼 생각이 없다면서 한국 정부에서 하는 사업 같은데, 자기가 경찰이니 장애인 이름 팔고 다니지 말라고 경고하더군요.

정서 및 행동장애가 있던 2014년생 '니우'는 이혼한 엄마가 승용차로 통학을 시키며 참 열심이었습니다. 나중에 학부모 회장감이라고 혼자 생각하며 유심히 지켜보았습니다. 다른 장애 아동들도 안아주고 이뻐하기에 마음속으로 낙점한 시기였습니다. 교사들도 눈에 띄게 행동이 나아지며 잘 따르는 그 아이를 많이 아꼈답니다. 그런데 한 이틀 안 나오기에 알아보니 새 남자를 만나 같이 미국으로 떠났더군요. 그 어떤 말도 없이요.

부동산이 상당히 많다는 2013년생 발달장애아 '남능'의 엄마와 원룸 임대업을 하는 2016년생 자폐성장애아 '픔'의 엄마는 마치 한집에서 자란 자매 같습니다. 각기 고급 승용차로 자녀들을 데려와 내려주면서도 저희 부부나 교사들에게는 인사는커녕 목이 곧은 군상들입니다. 돈 있는 가정의 자녀들까지 무료로 받을 수 없어서 책정한 교육비가 8만 원인데, 그 원비를 내고 다닌다는 위세인가 봅니다. '남능'은 엄마가 항상 하교 시간에 30분 정도 늦게 데리러 오기에 야외 놀이터에서 얌전히 기다립니다. 그 시각 교사들은 아이들 목욕·간식 시간 이후라 청소하고 담당 아이를 오토바이에 태워 가느라 분주합니다. 그런데 딸 혼자 야외 놀이터에 두었다며, 교사들이 관심이 없다며 그만 보내겠답니다. 한편, '픔'은 전담 교사가 붙어야 할 만큼 손이 많이 가는 아이인데, 날이 갈수록 확연히 성숙해 가던 중이었습니다. 그런데 원비가 비싸다며 할인해 달라고 처음으로 부드럽게 이야기하던 엄마는 '픔'을 전담 교육하던 교사가 센터를 사직하자, 덜렁 큰 교실 하나밖에 없는 그곳으로 매달 250달러의 원비를 내야 하는데도 아이를 옮기더군요.

그 외에도 서너 쪽은 더 쓸 수 있지만 '누워서 침 뱉기' 같아서 멈추렵니다. 결국 장애 아이들은 살던 대로 살면 되니 센터에 안 보내도 그만이라는 부모가 '갑'이고, 어찌 되었든 집 밖으로 데리고 나와 특수교육과 사회복지를 건네고 싶어 하는 우리는 영원한 '을'입니다. 그래서 더욱 서글퍼집니다.

YO-JO 장애인센터는 대부분 가난한 가정의 장애인들이라 1:1 결연 후원을 연결하여 한국에서 지원되는 3만 원 중 7천 원은 원비로, 나머지 2만 3천 원은 생활비로 지원받는 친구들이 대부분입니다. 8만 원을 낼 수 있는 아이는 딱 세 가정인데, 모두를 사랑하지만 가난한 아이들에게 더 많이 관심이 기우는 게 사실입니다. 물론 막대하게 투입되는 센터 운영비가 왜 걱정되지 않겠습니까. 다른 사설 교육기관처럼, 특히 부모들이 목말라하는 '언어치료' 전문 기관 행세하며 매달 300~400달러를 내라고 할 수도 있습니다. 부모 마음이 그런 돈을 받는 기관에 더 현혹되게 마련이거든요.

하지만 저희는 수시로 직원들에게 소외된 가난한 장애인을 위한 센터라고 강조합니다. 그리고 새로운 장애인을 찾기 위해 마을별로 팀을 나누어 직원을 보냅니다. 그렇게 장애인들이 찾아오기만을 기다리지 않고, 정보에 소외된 채 집에만 머무는 가난한 장애인 친구 찾기를 계속 이어가고 있습니다.

저희는 가뜩이나 서럽고 한(恨) 많은 장애 가정에 사(私)교육의 짐까지 지우려고 센터를 세운 게 아닙니다. 얼마를 받든 사설 센터는 다른 이들이 하면 됩니다. 누구든 할 수 있는 일 말고, 아무나 하지 못하는 사역을 감당하라고 기도와 사랑을 건네는 무명의 그리스도인들을 배신할 수는 없습니다. 모쪼록 혜택받는 장애인들 모두와 1:1 결연 후원이 더 많아져, 매달 후원자들에게 보고드리는 소식이 더욱 과중한 저희의 업무가 되기를 희망해 봅니다.

그나저나 우리 센터의 가장 큰 고민은 라오스 사람들이 한국 정부에서 세운 기관으로 인식하고 있다는 점입니다. '하나님의 전적인 은혜' 가운데 부부가 세운 거라고 아무리 설명해도 도무지 믿지를 않습니다.

13

인공지능(AI)의 힘

항상 제게 사랑의 빚만 늘려주시는 존경하는 강창욱 교수님께서 특수교육학계의 넓은 인맥을 통해 인제대학교 특수교육학과 유은정 교수님을 소개해 주셨습니다. 다시 그분이 동창인 뉴욕 호프스트라 대학교(Hofstra University)의 신진용 교수님을 소개하며 셋이서 '인공지능을 활용한 라오스 조기중재 프로그램에 관한 연구' 프로젝트를 진행해 보자는 제안을 하셨습니다. 그 후 저희는 그 프로젝트를 2025년 4월부터 부산-뉴욕-비엔티안 산 줌 회의로 준비하고, 7월에 본격적으로 시작하게 되었습니다.

이 프로그램은 대상 아동 선정 후, 부모 동의서와 보호자 초기 면담 질문지를 작성하고, CDI(Child Development Inventory: 아동 발달 검사)[22]를 실시합

---

22. 아동의 발달 상태를 부모가 직접 보고하는 표준화된 선별 검사로, 8개 하위 영역, 즉 사회성, 자조 행동, 대근육 운동, 소근육 운동, 표현 언어, 언어 이해, 글자, 숫자로 구성되어 아동의 전반적인 발달을 평가합니다. 각 영역별 점수로 또래 평균과 비교해 발달 지연, 강점, 취약점 등을 파악하고, 필요시 추가 평가나 중재를 안내합니다.

니다. 이를 토대로 매주 각 아동의 개별 수업 계획을 수립하고 진행하며, 교사 일지를 작성합니다. 또한, 매달 한 번씩 교사들이 교차 방문하여 평가하고, 중재도 합니다. 여기서 가장 중요한 것은 아동별 수업 준비에 인공지능을 활용한다는 점입니다.

대부분 중국산 스마트폰을 쓰는 교사들이 인공지능 활용에 대한 필요성을 인식하고, 실제 수업에 활용하는 이가 얼마나 될까요? 사실, 이 프로젝트를 시작하며 우리 교사들에게도 물었는데, 한 명도 사용하는 이가 없었고, 저 역시도 ChatGPT, Google Gemini와 친숙하지 않았습니다. 또한, 처음 진행하는 프로젝트였던 탓에 착오도 있었고, 함께 진행하던 교사들 중 5명이 한국 계절 근로자로 옮겨가면서 프로젝트가 중단되어 유 교수님께서는 발을 빼셨지만, 뉴욕의 신 교수님께서는 탁월한 아이디어를 제안하셨습니다. 10명의 대상 아동을 6명으로 줄이고, CDI 8개 하위 영역 중 '사회성 척도' 부분에만 집중해 보자고요.

이는 인공지능(AI)에 아동에 대한 자세한 정보를 입력하면, 그에 맞는 수업 계획을 수립해 주고, 가정에 가서 수업하면서 어렵거나 너무 쉽게 목표에 도달하면, AI에 다른 과제를 요청하는 방식입니다. 철저히 기록하고 분석하며 이제는 교사들이 적극적으로 AI를 활용하는 모습에 큰 보람을 느낍니다. 돌이켜보면 저희가 의도하지 않았지만, 교사들은 강남대 특수교육학과와 코이카 '청년중기봉사단'에 이어 6개월 동안 프로젝트를

진행하면서 장애가 있는 아이들을 가르치는 교사로서 전문적 자질 함양과 인공지능 시대의 교육 역량을 강화하는 기회를 얻게 되었습니다.

대상인 장애 아동은 나날이 좋은 변화[23]를 보이고, 부모들도 교육에 협조하니 센터에 대한 기대감이 커지고, 교사들은 자긍심과 능력이 향상되는 긍정적인 결과를 낳은 이 프로젝트가 이제 곧 미국 학술지에 연구 논문으로 발표됩니다. 첫 출발에 기대 이상의 효과를 본 이 프로젝트는 앞으로도 새로운 연구 과제로 계속 이어갈 계획입니다. 모쪼록 함께 연구에 참여할 특수교육, 사회복지학과 교수님들이 더 계셨으면 좋겠습니다.

하나님께서는 한없이 연약한 저희 부부에게 수없이 많은 '무명의 그리스도인'과의 동역으로 결국, 시민농인교회와 YO-JO 장애인센터를 건축하게 하셨습니다. 그리고 앞서 행하시며 미리 준비하신 하나님은 복된 만남을 통해 저희를 다듬어 가시고 견고하게 빚어가고 계십니다.

---

23. 스마트폰 시청을 멈춘 아동, 혼자서 배운 체조를 하는 아동, 감정 표현이 더 적극적으로 변한 아동, 정서적으로 더 안정된 아동, 규칙적인 취침 시간을 지키는 아동, 스스로 할 수 있는 일이 더 많아진 아동 등이 좋은 변화의 결과입니다. 센터 수업 일수를 더 늘려달라는 요청은 공통적인 부모들의 바람이지만, 운영비가 늘어나는 만큼 그 속도를 조정 중입니다.

▲ 2024년 창립 7주년
◀ 2024년 체육대회

▲ 2024년 성탄예배

▲ 2025년 창립 8주년

2025년 성탄예배 ▲
2026년 고덕인목사 초청예배 ▶

수화가 들립니다

수화는 눈으로 이해할 수 있습니다.

그러나

농인들의 삶을 사랑할 때

비로소

수화의 동작 너머 담긴

그들의 애환과 절규와 숨결이 들립니다.

수화는 소리가 없습니다.
그래서 우리는 그것을
눈으로만 이해해도 된다고 생각합니다.

손의 움직임을 익히고
표정을 읽고
문장을 해석하면 알았다고 말합니다.

그러나 이해한다는 것과
알았다는 말 사이에는
아직 건너지 못한 강이 있습니다.

농인들의 삶 곁에
잠시 서보는 것으로는
그 강을 건널 수 없습니다.

함께 기다리고
함께 놓치고
함께 울고
함께 웃는 시간 속에서만
그들의 언어는
비로소 말을 걸어옵니다.

그때 깨닫습니다.
수화는 소리가 없지만
삶은 늘 소리를 품고 있다는 것을.

사랑하지 않으면
아무것도 들리지 않습니다.

그러나
사랑하기 시작하면
손끝의 떨림 하나에도
지나온 세월이 들리고
눌려온 아픔이 들립니다.

"수화가 들린다!"

그것은 귀로 듣는 소리가 아니라
마음이 낮아질 때만
허락되는 울림입니다.

난 여기 있는데 떠나는 너

농인들과 예배 공동체를 시작하고 가장 먼저 시작한 일은 '수요 농인 심방'입니다. 거의 1년에 걸쳐 농인들의 가정이나 일터를 방문하여 가족들과 인사를 나누고 선물을 전하며 식탁 공동체를 가졌습니다. 청인 가족들 사이에서 농인들의 고충을 듣기도 하고, 반대로 부모와 농인 형제가 느끼는 정서도 귀담아들었습니다.

부모 자식 또는 피를 나눈 형제자매 간에도 청각장애로 인해 서로 정서적·문화적 균열이 생기고, 그 거리가 좀처럼 좁혀지지 않는 경우가 종종 있습니다. 그래서 농인은 같이 살아가는 청인 가족보다 동병상련을 느끼는 이웃 농인들을 더욱 신뢰하고, 의지하기도 합니다. 그래서 이들에게 국경이나 나이는 중요하지 않기에 농인끼리의 국제결혼도 꽤 많습니다. 저도 아끼던 라오스 농인 교인 4명을 노르웨이와 한국에 시집 보낸 경험이 있습니다.

저희 부부는 농인 가정의 집들이나 결혼식이나 장례식 등 집안 경조사에 초대를 받으면 예를 갖추고 더 두툼한 봉투를 건네며 가정 내 농인의 지위를 세워주려 애를 썼습니다. 집에 찾아가면 농인들이 라오스 수화로 대화하는 외국인 부부를 소개하며 내심 자랑스러워하는 강한 느낌을 받곤 합니다. 그러고 보니 저희가 라오스에서 하늘나라로 먼저 떠나보내며 눈물 흘린 농인만 여덟입니다. 안타깝게도 거의 모두 20, 30대 젊은 친구들입니다. 거기에 농인 가족들의 장례식까지 합치면 훨씬 더 많답니다. 모두가 마음이 힘들고 눈물겨운 '떠나보냄'이었지만, 그중에서도 2024년 10월 7일 하늘나라로 간 '씨위라이'는 아직도 마음이 짠합니다.

그는 7살 연상인 1986년생 아내 '맏싸냐'와 결혼해 1남 1녀를 낳고, 시 외곽에 땅을 임대해 채소를 재배하며 살았습니다. 2018년 2월 첫 가정 방문 날, 너른 벌판에서 땀 흘리며 일하는 부부의 모습이 참 보기 좋았습니다. 확 트인 전경에 갖가지 채소를 재배하는데, 때로는 유기농 채소를 한 보따리씩 안고 와 시민농인교회 식탁에 내놓곤 했습니다. 180cm의 큰 키에 인물도 훤한 '씨위라이'는 건축에 참여한 6명 중 손재주도 좋고, 눈치도 빨라 저와 호흡이 잘 맞았습니다. 제가 큰아들에게 생일 선물로 준 시계를 너무나 갖고 싶어 하기에, 제 허락 아래 라오스에 온 큰아들이 선물했더니 잘 때도 빼지 않고 수시로 시계를 보며 행복해했습니다.

저와 건축일을 한 후 다른 현장에서 숙련공으로 일하는 사진을 정기적으로 보내오던 '씨위라이'. 그런 그에게 2024년 10월 어느 날 새벽에 사고가 났습니다. 귀가 중 오토바이 고장으로 혼자 미끄러지며 인도와 차도의 경계석에 머리를 다친 것입니다. 바로 전날 다른 농인에게 돈을 빌려 수리하려 했다는데, 미처 하지 못한 것 때문에 사고가 났다니 억장이 무너졌습니다. 더구나 병원에서 의료진이 방치하지만 않았어도 살 수 있었다는 다른 농인의 울분에 찬 수화에 가슴이 먹먹했습니다.

급히 달려왔건만 누추한 관에 누워 머리를 붕대로 감싼 마지막 얼굴을 보니 서럽고 왈칵 눈물이 났습니다. 왜 이리 급히 화장시키는지 물으니 친가 쪽에서 통상적인 장례를 치를 여력이 안 되어 내린 결정이었습니다. 너무 갑작스러운 연락과 곧바로 이어진 화장으로 더욱 속상하고 황망했습니다. 장례식에 온 농인들은 가까운 농인들에게 전화하고, 단체 채팅방에 알려 온라인 모금을 했습니다. 시민농인교회와 저희 부부도 조의금을 전하면서 위로했습니다.

저녁 늦게야 귀가했는데 지치고 속상해 밥 생각도 나지 않았습니다. 93년생이면 아직 어리기도 하고, 건축하던 10개월 내내 동고동락하며 나누었던 사랑이 정말 큰데 말입니다. '너랑 같이 지은 이 집에 나는 있는데, 너는 이제 떠나는구나'라는 생각에 가슴 한 켠이 무너진 것만 같았습니다.

농인의 결단

길가 아주 작은 '크레페' 노점에서 4년 넘는 기간 동안 120달러도 안 되는 작은 급여에도 성실히 일해왔던 농인 '애'는 라오스농인협회 회장인 농인 '파이완'의 아내입니다. 시민농인교회 개척 전부터 세례를 받았던 이는 '분홈'과 '파이완'이 유일합니다. 처음 그를 만났을 때 자신의 오토바이에 페인트로 직접 십자가를 그린 모습이 매우 인상적이었습니다. 그의 친형 '텅싸이' 부부도 농인이고, 처제는 바로 우리 가족으로부터 평생 까임 방지권을 받은 농인 '눋'이랍니다.

2025년 3월 둘째 주일, 예배 전 주방에서 식사 준비를 도우며 '애'가 자기 이야기를 꺼냈습니다. 몇 달 전 우리는 그녀가 조마 베이커리 카페[24] (Joma

24. 캐나다 출신 두 쌍의 부부 이름에서 따온 'Joma'는 2003년 리브랜딩되며 라오스의 스타벅스로 불릴 정도로 대표적인 카페로 자리매김했습니다. 베트남, 캄보디아에서도 운영되고 있는데, 수익의 10%를 지역 자선단체·사회적 기업에 기부하고 취약계층·농인에게 직업 훈련·일자리를 제공해 사회적 책임을 강조하고 있습니다.

Bakery Cafe)에 취직해 훨씬 안정적인 일을 할 수 있게 되어 함께 기뻐해 주었습니다. 그런데 취직 시 약속한 주일 휴무를 월요일 휴무로 바꿔 주말에도 출근해야 한다고 했답니다. 이에 결국, 자신은 주일에 교회를 가야 한다며 미련 없이 사표를 던졌다고 합니다. 차후 시민농인교회 장로감인 농인 '파이완'의 아내이자, 장차 라오스 수어 통역사가 될 청인 자녀 '빠너이'의 엄마로서 그녀가 내린 결정에 저는 매우 놀랐습니다.

사실 농인 교인들을 바라보며 대체 언제쯤 신앙적인 성숙을 이룰지 낙심할 때도 있었습니다. 저는 이 사건이 '우리가 함께 걷는 이 길이 더디고 지치고 아득하게만 보여도 결코 헛된 발걸음이 아님'을 증명해 주는 것 같아 눈물이 날 만큼 기뻤습니다. 그래서 그날 귀한 용기를 실천한 그녀를 격하게 안아주며 칭찬했습니다. 그리고 이 장한 이야기를 63호 선교 편지에 실었습니다.

그런데 이 소식을 접하고 큰 감동을 하여 그녀에게 작은 도움이라도 주고 싶다는 분이 계셨습니다. 군산 시민교회를 정성껏 섬기시며 라오스 단기 선교에도 함께하신 이미숙 권사님께서 6월부터 연말까지만이라도 매월 10만 원씩 믿음의 사람 '애'를 돕겠다고 하셨습니다. 매일 시민농인 교회를 위해 뜨겁게 기도하시고 후원하시는 그 귀한 마음을 그녀에게 전하니 가족들이 너무 기뻐 어쩔 줄 몰라 하더군요. 짧은 감사 인사를 동영상에 담아 보내드리고, 우리는 12월까지 모아서 목돈을 건네기로 의견을 모았습니다.

　저는 후원인의 개인적인 가정사나 재력 등 자세한 내용은 전혀 모릅니다. 그러나 한 가지 확실한 것은 있습니다. 절대로 돈이 넘쳐서 라오스로 돈을 보내지는 않는다는 사실입니다. 이것은 어려운 이웃을 돕는 모든 이들의 공통점이기도 합니다. 자신을 위해 충분히 사용할 수 있음에도 불편을 감수하며 희생하고 선을 베푸신다는 진리를요. 그래서 더더욱 값진 사랑이랍니다.

3

수상한 아동부

2022년 10월 첫째 주일부터 시작된 시민농인교회 아동부는 농인 자녀 중 청인 아이들 6명을 위해 시작했습니다. 청각장애가 있는 부모들이 예배드리는 동안 동영상을 보며 소외되는 자녀들 때문에 속상했습니다. 외부에서 4명의 훈련된 현지 교사들을 모셔 와 신설된 아동부 예배는 애초 주방에서 일하는 이들의 쉼터용으로 만든 작은 공간에서 진행되었습니다. 식사를 전담하는 저희 부부는 농인들을 위해 음식을 조리하는 동안, 방문 너머로 들려오는 아동부 아이들의 힘찬 찬양과 성경을 암송하는 소리에 눈시울이 살짝 붉어지기도 했답니다.

특별히 너무도 감사하고 가슴 뭉클한 감동은 매년 드리는 '성탄연합예배'의 아동부 무대입니다. 찬양하며 율동하는 자녀들의 모습에 농인 부모들이 너도나도 동영상을 찍는 광경을 바라보고 있노라면, 하나님께서 한 해 동안 변함없이 부어주신 은혜에 감격하게 됩니다. 아이들 무대에 이어 '예배 사역팀'이 성경 단막극과 수화 찬양·율동을 선보이는데, 여러분들이 생각하는 것보다 수준이 있는 무대를 위해 자주 모여 연습하도록 지원을 아끼지 않고 있습니다.

또한, 매년 성탄 주일은 뷔페식으로 특별 음식을 준비하고, 가난한 농인들이지만 저희 부부에게 선물 바구니를 건네며 사랑의 마음을 표현하는 것이 전통처럼 자리 잡았습니다. 기념사진 전에는 큰 케이크의 초를 함께 끄고, 아동부 성탄 선물도 세심하게 준비합니다. 오후에는 농인들끼리 선물 교환을 하고, 저희 부부가 내놓은 특별 선물 추첨 시간도 가집니다.

특히 더 감사한 것은 농인 사역자 '분홈'이 필리핀 농인성경대학에서 공부할 수 있도록 2년 동안 후원해 주셨던 김석인 선생님께서 농인 교인들을 위해 12월마다 섬겨 주시고, 해가 갈수록 다른 분들도 연약한 시민농인교회의 손을 잡아주고 계시다는 것입니다. 귀한 사랑의 손길을 다른 곳에 흘려보내기 위해서라도 성탄절 다음날 생일을 맞는 아내는 '쏜파오장애인공동체'를 초대하여 식사를 섬기거나 대구 '대동시온재활원'에 선물을 보내는 등 가장 낮은 곳으로 오신 예수님의 사랑을 새기려고 노력하고 있습니다.

한편, 동네에 마땅한 놀이터가 없는 아이들의 성화에 주일 아침 8시 반에 문을 연다고 공지한 지 오래되었건만, 늘 7시 반이면 대문을 열고 들어옵니다. 동네가 떠나갈 듯 왁자지껄 노는 아이들의 목소리가 반갑고 귀엽고 감사한 마음에 전혀 귀찮지가 않습니다. 아동부 교사들이 출근하면 아이들은 센터의 물리·작업 치료실에 들어가 2인 1조로 말씀을 암송하고, 예배가 시작되면 아주 조용해집니다. 아이들이 좋아하고 한 번도 경험하지 못한 먹거리 준비에도 정성을 기울입니다. 아동부 아이들은 먹성 좋은 농인 어른들만큼, 아니 그 이상으로 가져다 먹는데 실로 놀라운 식성입니다. 마치 내내 굶다가 오늘 점심만 노리고 오는 친구들 같습니다.

서로 물들어 가던 2024년 여름, 동네에 소문이 났는지 30명이 넘어서자 우린 "물 들어올 때 노 저으라"라는 속담대로 일일 여름성경학교 전단지를 돌리고 특별 행사를 진행했습니다. 그룹을 나눠 명찰을 만들고, 수제 장난감 만들기, 보드게임, 복음 목걸이, 찬양과 율동 배우기 반을 차례로 돌며 이동식 수업을 했습니다. 오후에는 단체 게임과 팝콘을 먹으며 기독교 영화 시청, 물놀이, 직원들 공연과 시상식 등을 다채롭게 준비했습니다. 2024년 3월부터 장애인들과 47회의 센터 수업을 진행한 직원들의 경험과 능력이 유감없이 발휘되어 무척 흐뭇했습니다. 성경학교를 위해 임세영 청년이 건넨 후원도 큰 힘이 되었답니다.

이어 2025년 7월 두 번째 여름성경학교는 한성교회 사랑부 단기팀과의 협업으로 하반기에 아동부 예배 인원 56명이라는 최고 기록을 세워 '시민아동교회'로 간판을 교체해야 하나 고민을 했습니다. 물론, 아직 신앙이 진하게 물들지 않아서 밥 먹으러, 또 놀러 오면 어떻습니까? 저도 그렇게 아동부에서 자랐는걸요. 매주 아동부 출석이 심한 편차로 출렁이지만, 참석한 아이들의 간식과 특별 선물에 공을 들여서 '교회 온 친구들이 더 행복해야 한다'라는 것이 제 소신입니다. 그리고 출석에 크게 개의치 않음은 6명의 농인 자녀를 위해 시작했다는 소박한 출발에 있습니다.

시민농인교회를 건축하며 농인들이 오가기에 정말 먼 거리이고, 우기에는 진흙탕임에도 예배드리러 오는 발걸음이 너무 귀하고 고마워서 귀가할 때면 일일이 진심으로 배웅합니다. 또한 일부러 식사 준비량을 늘려 혼자 사는 농인들이 저녁에 먹도록 손에 들려 보내는 것이 우리 시민농인교회의 문화로 자리 잡았답니다. 주일마다 밥 먹으러 오는 시각장애인 '껑'네 가족은 저희 부부에게는 보너스랍니다. 더불어 이제껏 '분홈'의 고향 교회인 나삽-남끼얌교회 아동부와 딴텅교회 아동부에 매년 성탄 선물을 전하는 기쁨도 계속 이어가고 있습니다.

그럼에도 2026년 6월 창립 9주년은 더 많이 주의 사랑을 나누지 못한 저희 부부의 반성에서 출발하려 합니다.

추억의 인공호수

4

2015년 4월, 시골교회에서 농인 '분홈'을 만나 6월에 바로 필리핀 '농인성경대학'으로 유학을 보내 2년 동안 뒷바라지를 했습니다. 유학을 끝내고 그녀가 라오스로 돌아온 후, 2017년 6월 11일에 저희 부부와 농인들 11명, 그들의 자녀 2명이 모여 저희 거실에서 첫 예배를 드렸습니다. 복음을 모른 채 듣지도, 말하지도 못하는 농인들이 수화로 찬양하는 모습에 눈물이 났습니다. 전날 한숨도 못 잤다는 '분홈'은 아주 잘해냈고, 우리는 뷔페식 음식을 자렸답니다. 그날부터 시삭된 시민농인교회 식사는 2025년 말에 263회를 기록했습니다. 물론 코로나19 팬데믹 기간에 집합금지 명령을 이행하느라 약 1년 4개월 동안 예배 공동체는 쉬어야 했습니다.

한 주도 허투루 준비한 적 없고, 불평하며 조리에 임한 적도 없습니다.

1식 3찬에 국과 과일을 내었고, 매 주일 최선을 다하는 것이 '우리의 예배'라고 다짐했습니다. 그럼에도 한 주쯤 특별한 일정으로 식사 준비를 쉬면 그렇게 반가울 수가 없더군요. 가끔 여는 체육대회나 야외 예배가 그러하답니다.

2025년 11월 16일, 비엔티안에서 북쪽으로 90km 떨어진 인공 저수지인 '남 응음' 호수에서 야외 예배를 드렸습니다. 면적이 약 370km²가량의 꽤 큰 규모로, 물빛이 맑고 초록빛이 많이 돌며 숲으로 덮인 섬들도 많아 마치 바다 같다는 착각을 줍니다. 그리고 공산정권 초기 70~80년대에는 두 개의 섬에 남녀 정치적 수감자들의 재교육 수용소도 있었다고 하더군요. 과거 그 호수에 갔던 기억이 문득 떠오릅니다.

#1

처음으로 갔던 것은 2017년 10월 1일로, 농인 성인 48명과 청인 7명이 비포장도로 왕복 7시간에, 배를 3시간 남짓 타고 6시쯤 귀가했습니다. 작은 섬에 정박하고 물놀이까지는 좋았는데, 화장실에 간 농인 2명을 놔두고 출발하여 다시 회항했던 즐거운 추억이 생각납니다.

2

　두 번째는 2019년 8월 1일로, 장애인과 그의 가족 59명, 군산 시민교회 22명, 직원들 6명, 총 87명이 함께 했습니다. 동네마다 트럭을 보내 장애인 가족들을 태워 버스 집결지로 이동시키고, 나들이 후에 고기 뷔페 석식까지 섬기고 다시 귀가시키는 일을 어찌 다 감당했는지 모를 일입니다. 또한 호수에서는 장애인이 빠뜨린 물건을 주워 주려고 한국분이 입수했다가 힘이 빠져 위험한 순간, 뇌병변장애인 '쏨마이'의 아빠가 다이빙하여 구해준 아찔한 기억도 생생하답니다.

3

라오스 최초의 고속도로인 라오-중국 고속도로(Lao-China Expressway)

는 비엔티안에서 중국 국경인 보텐(Boten)까지 약 440km 구간을 2030년 완공 목표로 건설 중인데, 현재는 방비엥까지 약 109km를 2020년 12월에 완공한 상태입니다. 몇 년 전만 해도 비엔티안에서 방비엥까지 가려면 비포장길을 3시간 반은 달려야 했는데, 이 고속도로 덕분에 1시간 남짓 달려 호수에 도착해 76명이 행복한 시간을 보냈습니다. 예배, 선상 식사, 가족사진 촬영, 게임과 경품 추첨 등을 코이카 청년봉사단원 6명도 함께 해서 더욱 즐거웠습니다.

대여한 버스에 최대한 많이 태웠지만, 부족하여 저희 SUV 차량도 동원했답니다. 제가 운전하느라 버스 안 분위기를 몰랐는데, 내년에는 다들 방비엥 여행을 떠나고 싶다면서 흡사 방비엥에 도착한 것처럼 흥겹게

말하더랍니다. 나중에 코이카 농인 단원이 제게 이를 전하며 기획을 부탁하더군요. 2025년 4월, 장애인센터 아이들도 1박 2일 방비엥 여행을 다녀왔는데, 우리 시민농인교회 농인들을 위해서도 간절히 기도해야겠다고 다짐했습니다.

그 덕분에 이제 저희 부부도 2017년, 2025년 두 장의 멋진 사진을 갖게 되었습니다. 그리고 식사 준비로 항상 애쓰는 밥순이 아내에게 밥돌이가 사랑을 전합니다.

5

결혼과 세습

고국을 떠나 외국살이는 누구든 어디서건 고단한 일입니다. 40대 후반에 정착한 라오스도 정말 뿌리내리기 쉽지 않은 곳이었습니다. 그럼에도 황무지 같던 이곳에서 장애인을 향한 열정과 사랑의 씨를 뿌리고 가꾸다 보니 어느새 라오스가 더 편해졌습니다. 오히려 2년마다 건강 검진을 위해 찾는 한국이 집도 차도 없는 저희 부부에게는 이제 여행지처럼 느껴집니다. 그럼에도 MBC 뉴스를 매일 챙겨보고, 동역하는 교회들의 온라인 예배도 함께 드리며, 한식만을 고집하는 우리는 천상 한국인입니다.

개인적인 아쉬움이라면 여백 있는 라오스에서 한국식 시간표를 살다 보니 누리지 못하는 부분도 있는데, 은퇴를 준비하는 시점부터는 개선되리라 기대합니다.

예수님처럼 따스한 가슴으로 본질을 추구하며, 기독교 역사의 진정한 주인공인 '무명의 그리스도인'으로 살기를 기도하면서도 항상 빼놓지 않고 간구하던 제목이 있습니다. 라오스 내 1세대 장애인 선교 개척자로서 라오스에서 장애인 복지, 특수교육, 장애인 선교의 역사가 계속 이어지는 것이 그것입니다. 물론, 창조주께서 크게 기뻐하시는 장애인 사역이 어찌 1세대에서 멈추겠습니까마는, 종의 신분인 저로서는 주인에게 마땅히 간청해야 할 기도입니다. 사실 모든 후원을 한국 '무명의 그리스도인'들의 사랑에 의존하는 지금, 다음 세대로의 리더십 이양(移讓)을 라오스인에게 넘기기는 불가능합니다. 그럼에도 언젠가는 라오스인들의 품에 안겨줘야 한다는 소신입니다. 2세대까지만 한국인이 이어가고, 3세대쯤이면 충분히 가능하겠다는 생각에 일단 큰 그림을 그리며 주인께 아뢰었습니다.

그리고 여행 삼아 수시로 부모를 보러오는 두 아들과 막내딸에게 이 기도 제목을 나눴습니다. 하고 있는 일들을 핑계 대며 즉시 손사래를 치는 두 아들에게 1년만 기도해 보자고 다독이며 약속했습니다. 결과적으로 두 아들은 2024년 10월에 나란히 라오스 국립대학교 1년 언어 과정에 등록, 이듬해에는 본과 1학년에 입학했습니다. 영어학과와 영어교육학과에 각각 진학한 아들들은 2029년 10월 졸업 예정입니다. 1년 정도 부모와 동역하다가 2031년 1월에 큰아들은 YO-JO 장애인센터를, 둘째[25]는 시민농인교회를 세습할 계획입니다. 철저히 교회 세습을 비판하던 제가 세습의 주인공을 자처한 이유는 이러합니다. 작년 말 기준 38,310달러의 건축 빚은 책 판매 수익금으로 갚을 계획이지만, 두 아들에게 별도의 지원이 어려울 정도로 빠듯한 살림을 꾸려가고 있습니다. 이런 상황에서 라오스 장애인 선교에 헌신할 사역자를 '구인 광고'로 구한다는 것은 좋은 방법이 아니라고 생각됩니다.

사실 두 아들도 라오스행을 결정하면서 첫째 조건이 아버지, 어머니처럼 '전적 헌신'을 강요하진 말아 달라고 하더군요. 그럼에도 어려서부터 부모가 걸어온 길을 봐왔고, 장애인을 함께 섬기던 자녀들이야말로 예비하신 적임자란 판단입니다. 한편, 30대 청년에게 여행이 아닌 '라오스에서의 삶'은 녹록지 않고 버겁기까지 하답니다. 도저히 이해되지 않는 라오스 사회와 문화, 힘든 언어 공부로 지친 두 아들을 바라볼 때면 부모로서 안쓰럽고 미안한 마음입니다. 하지만 두 아들의 마음을 변화시키고 순종하도록 인도해 주신 하나님은 이후의 삶도 넉넉히 책임져 주시리라 확신합니다.

라오스에서의 고단한 생활에 적응해 가던 중의 일입니다. 그동안 모태 솔로였던 둘째 아들에게 놀라운 일이 일어났습니다. 저희는 라오스 국

---

25. 정직하고 순수하며 착한 둘째는, 주어진 과제를 책임감 있게 감당할 줄 압니다. 반드시 농인들의 삶을 이해하고 함께 걸어야 한다며 '농인 심방'을 '수화 공부'만큼 강조하는 부모의 조언대로 2026년 1월부터 매주 농인들을 방문하고 기록하고 있습니다.

립대학교 언어 과정 입학 전, 둘째 아들에게 라오스어 기초를 배우도록
센터 직원 '누'를 전담 교사로 붙여주었더랬습니다. 키가 190cm인 아들

은 이성에 별다른 관심이 없
지만, 본인의 큰 키 때문인지
체구가 아담한 여성에게 호
감이 있다더군요. 아들과 동
갑인 '누'는 라오스에서 흔
치 않은 믿음의 가정에서 자
랐고, 장애인 섬김과 요리에
탁월한 달란트가 있습니다.
평일 오전에 둘이 라오스어
를 공부하고 주일에는 '누'의

오빠 '팀' 목사가 담임하는 딴텅교회에서 둘째가 피아노 반주를 하다 보
니 자연스레 함께 보내는 시간이 많았답니다. 한참이 지나고 결국, 둘째
아들은 평소 차분한 '누'가 반전 매력이 있더라며 "놓치면 후회할 것 같다"
라고 고백하더군요. 저는 흐뭇한 미소를 지으며 결혼 예배를 준비하자고
격려했습니다. 두 수 앞을 내다본 포석(布石), 즉 전략적 안목임을 아들은
모릅니다.

작은아들과 라오스 처자와의 결혼은, 1세대 은퇴 후 두 아들이 가꾸어

갈 '라오스 장애인 선교'의 지분 중 '누'도 포함되기에 자연스럽게 1/4은 라오스인의 승계입니다. 그리고 손주가 주인공이 될 3세대는 완전 이양의 수순을 밟게 될 것입니다. 한 치 앞도 모르는 우리지만, 간구한 바대로 목표를 설정하며, 사역의 본질인 '세대를 뛰어넘어 라오스 장애인들과 사랑으로 하나님 나라를 일구어 가는 것'을 한순간도 놓치지 않으렵니다.

2025년 3월 15일, 세 자녀 중 첫 결혼 예배가 라오스 시민농인교회 본당에서 드려졌고, 라오스식 피로연이 성황리에 인조 잔디 구장에서 거행되었습니다. 신혼여행지가 된 한국은 며느리 '누'에게 두 번째 여행이었습니다. 2023년 4월에 직원들과 한국 여행 때 함께 왔었는데, 사실 그 여행의 마지막날 키 큰 둘째 아들을 처음 보고 호감이 있다고 '누'가 제게 넌지시 고백했더랬습니다.

지금 둘째 아들 내외는 라오스 젊은이들 대부분이 거주하는 형태의 방 하나짜리 월세방에서 신혼생활을 하지만 둘이 잘 헤쳐 나갈 것입니다. 저희 부부가 3년 동안 그랬던 것처럼 두 아들도 모두 오토바이를 타고 다닙니다. 부모도 지원 능력이 부족하지만, 아들들도 기대하지 않습니다. 젊은 믿음의 형제들은 당연히 그래야 한다고 생각하는 저는, 역시나 '낡은 어른'입니다.

부르지 않아도 닿아야 할 곳

지난 과정들을 돌이켜보니

모든 시간마다

촘촘히

겹겹이

그분의 세밀하신 인도하심이었으며

'온전한 사랑'의 기름 부으심이요

완벽한 하나님의 작정(作定)이십니다.

문득 잠에서 깬 자리가 낯설어
당황한 적 있나요?

란쌍왕국[26]의 안개가 걷히고
꿈, 비전, 희망은 사치라는
가냘픈 입술들이 모인 황량한 땅

아침부터 밤까지
노란색 쓴물 뒤에 숨겨둔 미래마저
단숨에 벌컥 삼켜 버리는
슬픈 사람들을 바라보다
눈물이 난 적 있나요?

그럼에도
애처로운 사람들이 쏟아내는
라오스어가 듣기 싫어
귀를 닫아 본 적 있나요?

약소국에 살기에
내 심장과 마음 밭도 누추해지는
스스로에 화난 적 있나요?

무기력은 낙심을 낳고
전염성 강한 낙심은 포기를 낳고
중독성 강한 포기는 불신을 낳는
사회주의에
아픔을 느껴본 적 있나요?

그래서라도
같이 울고
함께 웃고
더욱 화내고 돌아서 눈물짓는
미련한 한 사람

그렇게 걸어 온 열두 해를
누군가 '선교'라고 부른다면
기꺼이 다시 한 바퀴를 더 돌겠다는
답답한 두 번째 사람이
제가 가장 사랑하는 아내입니다.

---

26. 란쌍왕국은 현대 라오스의 정치적·문화적 기반을 닦은 왕조로, 오랜 기간 통일 왕조를 유지하면서 라오스 인의 정체성을 확립했습니다. 1353년에 건국된 이래 350여 년 동안 동남아시아에서 가장 강력한 왕국 중 하나였고, 라오스 역사상 최고의 전성기를 이룩했습니다. '란쌍'이라는 이름은 '100만 마리 코끼리'라는 뜻입니다.

위기의 한국 남자 구하기1

2021년 1월 26일, 같은 동네에 사는 쏜파오 장애인공동체 원장인 '짜'가 달려와 한국 사람 한 명이 위급한 상황임을 전했습니다. 곧장 달려가 보니 5년 전 관광비자로 와서 현재 불법체류자 신세인 63년생 김○○ 님이 당뇨로 인한 하반신 마비 증상을 보이며 월세방에 쓰러져 있었습니다. 코로나19 위기로 생활비가 떨어져 방값은 물론, 8개월째 당뇨약도 못 먹고 대소변도 못 가린 채 우유로 연명 중이었습니다.

급히 차에 태워 103병원에 입원시키니 수술이 급한 상황이라고 했습니다. 당뇨 합병증으로 고환과 항문 부위가 매우 심각한 상태인데다 혈액 부족으로 수혈도 급하고, 면역력 약화로 다른 부위로의 감염도 우려된다고 했습니다. 대사관에 알려 가족들에게 연락을 부탁한 후, 저는 서둘러 긴박한 수술부터 진행시켰습니다. 그리고 더 방치했다면 자칫 목숨도 위험할 뻔했다는 의사에게 연신 감사 인사를 표했습니다.

약, 주사, 입원 등 모든 절차가 선결제인 라오스 병원에서 한고비는 넘겼지만, 간병인을 구해야 했습니다. 다음날 병문안을 온 영사님과 박두영 사무관님이 한국에 긴급 재난 지원금을 신청하겠지만 언제, 어느 정도 나올지 알 수가 없어서 걱정이라고 하셨습니다. 수술 부위의 경과를 지켜보자며 앞서 챙겨야 할 산적한 문제들에 비하면 경비 부분은 저에게 우선순위가 아니라고 말씀드렸습니다. 이후 어렵게 연락된 남동생과 통화한 결과, 도움 줄 유일한 가족은 사업하는 자신뿐인데, 충분히 지원 가능하지만 형이 그동안 가족들에게 보여준 행태 때문에 일절 도와주고 싶지 않다는 냉혹한 대답[27]만 돌아왔습니다. 남의 가족사이기에 제가 관여할 부분은 아니지만, 여러모로 쓸쓸함을 지울 수가 없더군요.

40일이 넘어가며 건강이 조금씩 회복되니 그분은 소통이 어려운 간병인과 의료진의 서비스, 음식에 대한 불만을 쏟아냈습니다. 급한 호출로 달려가면 한국말이 너무 하고 싶어서 연락했다며 퇴원 후 한식이 조식으로 나오는 아파트형 원룸에 머물고 싶다거나 한국행을 떼쓰듯이 얘기했습니다. 그래서 그 정도의 건강 상태가 아님을 상기시키며 말벗이 되어

---

27. 형에 대한 지원 대신 오히려 자신은 제게 보답하는 차원에서 장애인 가정을 돕고 싶다 했고, 저는 당시 부모가 돌아가시고 아직 어린 3남매만 남겨진 딱한 가정의 건축을 돕고 있던 터라 그 집을 추천했습니다. 흔쾌히 100만 원을 지원한다기에 그 금액에 해당하는 건축 자재들을 구입하고 영수증을 보냈습니다만, 이후엔 감쪽같이 카카오톡을 차단하고 전화를 받지 않더군요. 사람 속은 정녕 모를 일입니다.

주고 돌아왔습니다.

한번은 주일 예배 후 제가 농인들을 데리고 고아 3남매 가정의 미장 작업을 하는 사이, 그분께서 시원한 된장국을 먹고 싶다고 하여 아내가 끓여 갔답니다. 국물만 한 숟가락 드시더니 밀쳐내고는 다시 한국행을 노래하더랍니다. 마음에 안 든다며 세 차례 교체한 간병인을 다시 바꿔 달라는 둥, 드시지도 못하는데 한국 음식을 배달시키는 둥, 대소변도 가릴 수 없는 상황에서 한국인이 주인인 숙소로 무작정 가고 싶다는 둥, 간병인을 졸라서 담배를 사오게 하고 병실에서 피워 라오스 의료진을 난감하게 만드는 등 여러모로 당혹스럽기 그지없었습니다. 저희도 조금씩 지쳐갔지만, 그럼에도 참고 인내하며 보듬었지요.

52일 차, 어떤 위험도 감수할 수 있고 죽더라도 고국에서 눈을 감고 싶다는 본인의 강한 귀국 의사에 비행기를 알아보았습니다. 다행히도 건강상의 호전과 담당 의사의 비행기 탑승 가능 소견서 발행을 약속받고 대사관과 상의하여 항공권[28]을 구매했습니다. 그리고 약 두 달 동안의 병원 생활을 마치고 드디어 떠나는 날의 이야기는 다음 일기로 이어가렵니다.

---

28. 환자의 지인이셨던 '푸른 하늘 배움터'의 김대성 선생님이 선한 마음으로 흔쾌히 비싼 라오항공 비행기표를 사주시며 저의 부담을 덜어주셨습니다. 이 지면을 빌어 감사드립니다. 때마침 한국 가시는 김태균 영사님이 보호를 감당해 주시기로 하여 너무 다행이었습니다.

3월 25일

– 라오스 거주 한국인 구하기: 58일 차(출국일) / 프로젝트 종료

박두영 사무관님과 6시에 만나 식사를 하며 최종 대책을 의논했습니다. 비자 벌금 200불과 코로나 검사비 100불을 드렸더니 검사비는 당신이 개인적으로 돕고 싶답니다. 그리고 한국에 도착하여 돈이 없는 환자를 위해 100달러를 따로 지갑에 챙겨주는 모습이 감동이었답니다. 진심으로 감사드립니다! 이런 분이 대사관에 계셔서 참 다행입니다.

이후 기내용 가방에 짐을 최소화하고 마지막 소독과 진통제 투여 후, 비상용 수면제도 챙겨주었습니다. 항공사 측의 탑승 거부나 기내에서 긴급 상황 발생 시 회항하게 된다면 모든 비용과 책임을 묻게 될지도 모르기에 환자에게도 단단히 일러두었습니다. 발권이 오래 걸려 가슴을 졸이는데, 그 긴장감은 역대 최고였습니다. 다행스럽게도 성공적으로 기내에 탑승해 아침에 한국에 잘 도착했다는 문자를 받았답니다. 지난 두 달 간의 모든 일이 주마등처럼 스쳐지나가며 만감이 교차하고 "감사, 감사"가 절로 나오더군요.

밤늦게 카톡으로 저를 잘 아는 지인분이 걱정해 주시며 "그러니까 도움 줄 사람 선택하긴 힘들겠지만, 그래도 좀 더 깊이 생각하고 행동에 옮기는 것이 필요하다고 생각해"라고 조언을 해주셨습니다. 그 말에 저는 "제가 믿는 신이 제 마음을 아시기에 후회도 미움도 없고, 다음에 이런 상황이 다시 와도 저는 똑같이 선택할 겁니다"라고 답했습니다.

그리고 밤에 진심으로 고맙다는 제 인사에 박두영 사무관님의 답신이 왔습니다.

"저야말로 감사의 말씀을 어떻게 드려야 할지 모르겠습니다. 이번 일로 두 분을 만나게 된 것을 정말 큰 축복이라 생각합니다. 힘들고 어려운 사람들을 그냥 지나치지 않으시고 끝까지 도우시는 모습, 생명을 포기하지 않는 모습을 보며 많이 배웠습니다. 앞으로도 계속 보고 배울 수 있도록 노력하겠습니다. 감사합니다."

두 달 동안 정말 최선을 다한 저희 부부는 서로를 위로하며 안아주었습니다.

라오스에 살며 이 땅의 장애인들을 섬기는데, 위기 속에서 사경을 헤매는 한국분을 외면할 수는 없는 일입니다. 다음에 똑같은 일이 벌어져도 그가 누구든 저희는 또 같은 행동을 되풀이할 것입니다. 한 영혼을 천하보다 귀히 여기시는 그분의 흉내라도 내렵니다.

위기의 한국 남자 구하기2

2023년 11월 18일, 마이초등학교 행사 중 지방 출장 중이시라는 라오스 주재 한국대사관 박 사무관께서 연락을 해왔습니다. 당뇨로 인한 패혈증이 심해 속히 병원 치료가 필요한 한국인이 있는데, 혹시 다시 도와주실 수 있는지 물으셨습니다. 행사를 마치고 저녁에야 환자를 차에 태우고 밀따팝 병원에 도착해 입원 수속 후 다음날 아침 수술 준비까지 마치니 밤 11시. 이튿날 오후, 수술을 마친 의료진과 인사하고, 간호사가 건네준 약품 목록을 받아서 접수-결제-재접수-약 수령 절차를 마쳤습니다. 이 불편하고 긴 대기 시간 시스템은 못 바꾸는 건지, 안 바꾸는 건지 도무지 모르겠습니다. 병원에서만 3시간을 보내다가 대사관 측에 연락하고 귀가했습니다.

믿을 만한 간병인을 구하는 게 가장 큰 난제인데, 지난번 경험이 있어서 천만다행입니다. 간병인과 수시로 연락을 주고받으며 환자를 확인했습니다. 매일 선결제하고 꼼꼼하게 영수증을 챙겨 결산 내용을 정리하는 것은 늘 아내의 몫입니다. 감사하게도 8일째 환자의 아들 내외가 라오스에 도착해서 다행입니다. 그동안의 절차와 과정을 설명하고 결산서를 건네자, 가난한 라오스에서 비싼 거 아니냐는 못마땅한 표정에 제 마음이 무거웠습니다.

귀국 당일 면도를 시켜주고, 환자가 예배드리고 싶다기에 말씀을 나누고 기도하며 위로해 드린 후, 공항 배웅까지 해드렸습니다. 그런데 서로 연결한 카카오톡으로 귀국 후 감사 인사 정도는 남기는 게 인지상정일 텐데 모른 체 하더군요. 세상에는 정말 무례한 군상들이 있음을 또 경험합니다. 그래도 박두영 사무관께서 보내주신 문자가 제게는 큰 위로가 되었습니다.

만약 '제가 한국에 있었다면 어떻게 이런 분들을 만날 수 있을까?' 그런 생각을 합니다. 모두가 다 삶의 신념과 목적이 있다고 말하지만, 그것이 오롯이 공익을 위하고 다른 이들의 삶을 위하는 것. 그리고 어려운 이들을 현장에서 직접 돕는 일만큼 소중한 일은 없다고 생각합니다. 고된 만큼 소중하고 존경받아야 할 명예로운 일입니다. 안타깝지만… 너무 훌륭한 일을 하고 계셔서, 라오스에도 이런 일들을 묵묵히 수행하시며 일

선에서 처절한 전쟁을 하시는 분이 계셔서 자랑스럽습니다. 항상 감사합니다!

이에 저는 이렇게 답장을 보냈습니다.

만감이 교차하네요. 다음에 또 전화하시겠지요? 그래도 사무관님께서 전화하면 아마 또 수락할 듯요. 그게 신을 믿는 제 길이니까요. 진짜 매일 너무 힘든 일정이지만요. 제가 앞선 사건을 설명하며 아들 부부에게 이렇게 말했어요. 그 경험 덕분에 진짜 좋은 사무관님과 막역한 친구가 되었다고요. 항상 서로의 진심을 믿고 존중해주는 사이랄까. 저는 주어진 환경에서 최선을 다했고, 그래서 후회 없지만 아내에게는 살짝 미안합니다. 그래도 다음에 또 할 터이니 전화 주세요.

한 사람만을 위한 화장실

2021년 2월 4일, 장애 가정을 방문하러 가던 중 멀리서 봐도 눈에 띄는 모녀가 보였습니다. 오토바이 옆에 작은 수레를 이어 붙여 휠체어를 탄 딸을 태우고 달리는 모습이 마치 2차 세계대전 당시 독일군 R-75 오토바이를 보는 것 같았습니다. 반가운 마음에 달려가 엄마에게 질문을 쏟아내고 귀가 중이던 모녀의 집까지 동행했습니다. 낡디낡은 양철 대문을 젖히니 작은 마당 구석에 보물이 나타났습니다.

뇌병변장애가 있는 딸의 재활을 위해 손수 제작한 평행봉을 보고 감동이 밀려왔습니다. 물론, 물리 치료에 사용되는 재활 운동장비의 기본 기구인 평행봉은 견고한 프레임도 아니었고, 높이·너비 조절 기능과 미끄럼 방지 난간도 없었지만, 제 눈에는 걷지 못하는 딸에 대한 엄마의 넓고 깊은 사랑이 너무 귀하고 크게만 보였습니다.

며칠 후, 2010년생인 '풋싸디'가 다니는 초등학교에 가보니 눈앞에 천국이 펼쳐졌습니다. 운동장에서 아이들이 서로 거리낌없이 휠체어를 밀어주고 어깨동무를 하며 장난치는 사랑스러운 모습 속에서 '하나님 나라'가 보여 너무 행복했습니다. 엄마는 등·하교는 물론, 수업 시간의 필기와 화장실 이용을 감당하고, 급식이 없는 라오스에서 점심시간엔 또 집에 다녀온다더군요. 그러면서 교실 입구 경사로와 공용 화장실이 제일 큰 어려움이라고 말했습니다. 저는 즉시 교장 면담을 요청해 '풋싸디'만을 위한 화장실을 지어주고 싶다며 허락을 구했습니다.

라오스에서 수많은 장애인 가정의 개보수와 확장, 그리고 신축 공사까지 감당해 온 저에게는 저만의 방식이 있답니다. 모아둔 목돈이 따로 없기에 지원이 꼭 필요한지를 점검하고, 답이 내려지면 블로그와 편지를 띄워 후원자들에게 알립니다. 그러면 어김없이 기쁨으로 '무명의 그리스도인'들이 응답하십니다. 하지만 시간이 촉박한 사안은 허물없이 지내는 친구 부부에게 상의합니다. 사정을 들은 손용수♡김선아 부부는 이를 자신들이 속한 '드림선교회'에 소개하며 즉각 움직입니다. 이번에도 매달 그 여학생 가정에 장학금 지원과 학교에 장애인 전용 화장실 건축을 감당하겠다네요.

곧바로 근처에 사는 일자리 없는 농인 3명을 모아 작업을 진행했고, 인근 군부대에 지원 공문을 보내니 일당 없이 밥만 줘도 된다는 군인 두 명이 왔습니다. 그중 군인 한 명은 농인들과 정말 친밀해져 얼마나 열심을 내던지 너무 감사하여 봉투를 따로 챙겼습니다. 일주일 동안의 공사로 '장애인이 편한 화장실 건축 프로젝트'가 완성된 후 간단한 상장 전달식인 줄 알았는데, 3시에 시작한 식순은 4시에 화장실 앞에서의 기념 촬영으로 끝났습니다. 이어지는 다과회 순서까지 학교 측에서 제대로 격식을 갖추었더군요. 중간에 교장의 기념사와 이장의 축사 전에 한마디 하라고 해서 장애가 있는 친구를 보듬어 주는 학생들을 칭찬하고, 참여한 농인과 군인에게 감사를 전했습니다. 그리고 학부모 회원들과 군부대, 마을 관계자들과 교사들에게 친구 부부가 보낸 티셔츠를 건네고, 학생들에게는 학용품을 나누어 주며 감사의 마음을 전했답니다. 죄송스럽게도 '드림선교회'의 사랑으로 지었는데, 상장은 제가 대신 받았네요.

그러다가 8월 말, 코로나19 확산으로 집에만 있는 '풋싸디'를 방문했는데, 학교에 못 가서인지 풀이 죽어 있더군요. 그때 고등학생인 친척이 막 복권을 팔러 나간다며 일어서기에 제가 사서 '풋싸디'에게 건네며 물었습니다. "당첨되면 뭘 할 거니?" 하고 물으니, 방을 무릎으로 다니는데 시멘트 바닥이 아파서 바닥재를 깔았으면 좋겠답니다. 당첨되지 않아도 해주겠다는 약속이 저절로 입 밖으로 튀어나와 살짝 당황했습니다. 그리고 이 에피소드를 친구 부부에게 전하니 이번에는 본인들이 섬기는 다운교회에 제안했는지 고영복 담임목사님과 줌 회의를 주선해 주었답니다.

사실 다운교회는 이제 막 개척한 작은 규모의 교회로, 담임목사님은 교회에 부담을 주지 않으려 이중직을 겸하시고, 예배 장소도 친구네 공장 사무실입니다. 이런 상황임에도 '풋싸디'네 안방 바닥재 공사와 6개월 뒤 화장실 리모델링까지 지원해 주셨습니다. 그리고 저희 부부가 한국에 갈 때마다 가장 작은 크기의 교회가 가장 큰 사랑을 전해주고 있는데, 그저 감사하다는 인사로는 너무 부족하고 송구할 따름입니다.

모녀의 불편한 학교생활을 따스하게 안아주신 '드림선교회', 낙타 무릎처럼 굳은 무릎을 보듬어 주신 '다운교회'를 대하며 '사랑은 말보다 손 끝에서 전해짐'을 배웁니다. 그 사랑은 낮은 곳으로 흘러 정의의 강물을 이루고, 끝내 가장 작은 이의 가슴에 가장 큰 울림으로 살아납니다. 어머니의 장례식에도 모녀는 오토바이를 타고 먼 길을 한걸음에 달려와 우리를 안아주었습니다.

마이초교 스승의 날

2016년 7월. 한국대학사회봉사협의회 32기 WFK[29] 청년봉사단 27명
이 열흘 동안 라오스 봉사 활동을 할 때, 제가 코디네이터(Coordinator)를
한 적이 있습니다. 당시 저희는 마이초등학교 교실의 페인트칠은 물론,
창틀 도색과 복도에 멋지게 그려놓은 나무 모양의 도안과 양쪽 큰 벽면
에 채색된 그림들로 볼품없던 학교를 빨리 가고 싶은 학교로 바꾸어 놓
았습니다. 이 모든 작업을 학교 아이들과 함께 그리고 색칠하면서 마음
을 나누었다는 점도 매우 인상적이었습니다.

또한 색종이 꾸미기, 악기 만들기, 빛과 그림자놀이, 우비와 부채 만
들기, 비석 치기 등 다채롭고 이색적인 교육 경험은 외국인의 봉사를 처

---

29. 월드프렌즈코리아(WFK: World Friends Korea)는 협력국의 어려운 이웃을 돕는 친구라는 뜻을 담은 대한
민국 정부 파견 해외봉사단 통합 브랜드입니다.

음 경험한 작은 학교 아이들에게 희망이 되었고, 학부모인 마을 주민 모두에게 큰 감동을 주었습니다. 이에 이장들이 방문하고, 자청하여 감사장 전달식을 진행할 정도로 저들의 마음을 사로잡았다는 점은 실로 큰 수확이 아닐 수 없습니다. 나아가 교육의 사각지대에 있는 재가 장애 아동들을 모아 특수반을 편성하여 한 명 한 명 보듬어 주고 사랑으로 안아 주었습니다.

당시 봉사단으로 왔던 특수교육과 출신 김소희, 김하람 학생은 이제 어엿한 특수교사가 되었고, 지난해엔 결혼까지 했으니 정말 시간이 빠릅니다. 두 선생님은 매달 후원은 물론, 방학 때마다 YO-JO 장애인센터를 방문하여 아이들을 직접 가르치고 있습니다. 긴 시간 동안 저희 부부의 발걸음을 응원하며 도와준 너무도 소중하고 고마운 선생님들이 아닐 수 없습니다.

이후로도 마이초등학교에는 수많은 지원을 아낌없이 줄곧 이어가고 있습니다. 결핵과 당뇨로 고생하는 교장에게는 혈당 체크기를 사주고 수시로 생활을 살피며 병원비를 지원했습니다. 이는 아이들을 사랑하는 교장의 마음과 성실함을 알기 때문이었습니다.

특별히 2023년 11월에는 사랑하고 아끼는 제자 이은영 님이 섬기는 하남 성안교회에서 다섯 분이 오셨습니다. 그녀의 아버님이신 이경전 장로님께서 오시기 전 필요한 것은 없는지 물으셨습니다. 한창 센터를 건

축 중이던 저는 잠시 고민하다가 마이초등학교 무대 공사 지원을 추천했
는데, 보내주신 3,500달러로 오시기 전 공사를 마무리했습니다. 뙤약볕
아래 먼지 나는 운동장에서 조회하던 학교 측에서는 자신들이 엄두도 못
내는 가장 필요한 일을 해주신 그분들께 진심으로 감사한 마음을 담아
축하 행사를 열어주었습니다.

그 당시는 매일 전투처럼 임하는 시급한 YO-JO 장애인센터 마무리
공사로 한 푼이 아쉬운 시기였습니다. 그러나 그런 때일수록 학교와 마
을 일에 관심과 지원을 아끼지 않는 것은 저희 부부가 라오스 땅, 이 마을
에 발을 디디고 함께 살아가기 때문입니다. 전화로 필요한 것을 물으셨
을 때, 순간 저희가 하나님의 시험대에 선 것처럼 느껴졌답니다.

한편, 라오스의 '스승의 날'은 10월 7일인데 저희는 2019년부터 마이
초등학교에서 보낸 초대장을 받고 매년 행사에 참석합니다. 스승에 대
한 감사의 마음을 담은 학생 대표의 편지 낭독과 학년별로 학생들이 나
와 담임선생님께 작은 선물을 전해주는 풍경이 정감 넘쳐서 보기에 흐뭇
합니다. 그리고 중간에 한 해 농안 학교를 도운 이들을 호명하고, 그 내
용과 액수를 공개하며 감사장을 전합니다. 해마다 받는 감사장이 여전히
쑥스럽지만 빠지지 않는 이유는 200달러도 안 되는 교사 월급마저 가끔
늦게 나오는 라오스에서 이날만이라도 교사들에게 선물과 격려금을 전
해주기 위함입니다.

　　그런데 2025년 행사에서는 의외의 일이 있었습니다. YO-JO 장애인 센터도 '스승의 날' 행사 기획을 고려했지만, 혹여라도 장애인 가정에 부담을 줄까 싶어 다음으로 미루고 저만 참석했답니다. 맨 마지막 순서는 특별반 학생들이 평소 연습한 라오스 전통춤 공연을 선보이고, 공연이 끝나면 학부모들이 공연단원 모두에게 저마다 천 낍이나 이천 낍을 나눠주는 전통이 있습니다. 저도 매년 소액의 현금을 준비해 가는데, 작년에는 행사 막바지에 낯선 중국인이 부하 직원을 대동하여 과일 선물 바구니, 이동형 스피커, 생수, 맥주 10박스를 들고 나타났습니다. 그리고 전통춤을 선보인 학생들을 줄 세우더니 가장 큰 단위인 10만 낍짜리 신권을 나눠주고, 이어서 교장에게는 1,000만 낍 한 묶음을 전달하고 사진을 찍었습니다.

　　방금 교사들에게 봉투를 전했던 저의 손이 민망하고 매우 초라하게 보였습니다. 그리고 올해 처음 온 중국인의 큰 손 한 방에 모두의 환호성이 터져 나오자 왠지 모를 씁쓸함이 느껴졌습니다. 10년 동안 공을 들이며 학교 전반에 최선을 다해 섬겨왔던 제가 여기서도 '의문의 1패'를 당한 것 같았습니다. '올해는 바쁘다는 핑계를 댈까?', '중국인 참석 여부부터 물어볼까?', '안 가면 속 좁은 사람으로 비칠까?' 하는 생각에 고민이 깊어집니다.

대동시온재활원과의 대동제

대동제는 1980년대 운동권 내 통합과 민주화 항쟁 과정에서 희생된 학생들을 추모하며 참여 의식을 고취하려는 취지에서 쓰인 축제의 대명 사입니다. 라오스로 오기 전 '좋은이웃' 시각장애인 찬양단을 결성하고 활동했던 저는, 경산의 대동시온재활원에서 찬양 집회와 장애 이해·체험 캠프를 통해 여러 차례 재활원 가족들과 함께했습니다. 말 그대로 크게 하나되는 '대동(大同)'은 라오스에서도 이어졌습니다, 2014년 1월 배낭여행을 떠난 저희 부부를 믿고 기도해 주시며 재활원 가족분들은 예배 때 드린 헌 금을 2014년 6월부터 지금까지 계속 선교비로 보내주고 계십니다.

저희 부부가 이 '특별한 사랑'을 어찌 잊겠습니까! 이는 단순한 후원이 아니라 저희가 라오스 장애인 곁으로 나아가야 할 이유이자 동력입니다. 지치고 힘들 때마다 다시 일어설 용기를 주며 그 방향을 선명하게 비춰

주던 등불입니다. 그 덕분에 우리는 그 큰 사랑에 보답하고자 몸부림치며 '장애가 있는 이들에게 몰입하는 삶'을 살 수 있었습니다.

그러다가 재활원 가족들에게 감사를 표하고 싶어서 2018년부터 연말이면 개별 포장한 라오스 과자를 경산에 선물로 보냈습니다. 하지만 코로나19로 2020년과 2021년 잠시 멈췄다가 2022년부터 다시 보내기 시작했습니다. 2024년 연말에 한국으로 나가는 팀이 없어 마침 2025년 2월에 라오스를 방문한 세진교회 단기팀에게 과자 배달을 부탁드렸습니다. 과거에 저는 한국을 떠나면서 한국맹인교회에서 같이 동역했던 이양수 목사님께 대동시온재활원을 소개하고, 재활원 가족들의 여름 수련회를 기획하고 섬겨달라고 부탁한 적이 있었습니다. 그 후 세진교회 교우들은 그 뜨겁다는 경산의 한여름 태양 아래서 수련회를 섬겨주신 적이 있답니다. 라오스에 온 저는 이러한 사실을 까맣게 잊고 있었습니다.

이런 '아름다운 섬김'의 추억이 있던 세진교회는 기꺼이 본인들의 짐을 줄이는 것은 물론, 재활원 가족 240명과 직원 155명 등 모두 400개의 개별 과자봉지를 함께 만들어 주셨고, 무게 초과로 나온 운임과 인천

공항-경산 간 택배비도 기쁨으로 감당해 주셨습니다. 재활원 가족들은 작은 선물에도 환한 미소와 웃음을 담은 사진을 보내주셨는데, 언젠가 YO-JO 장애인센터에서 다시 만날 수 있기를 간절히 기원합니다. 재활원 가족들의 사랑에 비하면 너무 소박한 선물이지만, 사랑은 서로 표현하고 나눌 때 더욱 빛을 발합니다. 대동시온재활원과의 대동은 앞으로도 계속될 것입니다. 여러분, 사랑합니다!

6

누리보듬 힐링캠프

2024년 8월, E-mail을 통해 김토성 선교사님[30]께서 YO-JO 장애인 센터 방문에 대해 문의하셨습니다. 일면식도 없었으나 이후 9월에 홀로 센터에 방문하셔서 짧지만 기쁘고 인상적인 교제를 나누었습니다. 그리고 출판기념회를 위해 한국으로 떠나며 선물로 주신 《오늘도 물 위를 걷다》[31]라는 책을 읽다가 저는 눈물을 주체할 수 없었습니다. 내용 중 신부전증으로 매일 투석을 받으며 신장 기증자가 나타나길 기다리는 같은 구

---

30. 남가주 얼바인 베델교회 파송 남아공 선교사로 사역하던 중 급성 백혈병으로 치열한 투병과 죽음을 넘나드는 과정 끝에 완치해 현재는 LA에서 'Only in Love 선교 협력(onlyinlove.org)'의 대표로 후방 사역을 지원하는 데 매일 헌신하고 있습니다.

31. 김토성, 《오늘도 물 위를 걷다》, 세움북스, 2024, p.82.-아내에게 지나가는 듯 소심한 목소리로 조심히 물었다. "차 집사께 내가 신장을 드리면 어떨까?" 아내는 전혀 예상치 못한 답변을 내어놓았다. 자기가 신장 기증자로 나서기로 마음먹고 하나님께서 남편을 통해 응답해달라고 기도했다는 것이다. 뒤통수를 세게 맞은 느낌이었다. 아내도 같은 혈액형이었을뿐더러 얼굴에 나타난 진지함은 그냥 하는 말이 아님을 어렵지 않게 알게 했다. 그 대답은 나를 더욱 물러나지 못하게 했다. 남자가 되어서 어떻게 아내에게 그런 일을 맡길 수 있나 싶었다. 우리는 곧 집사 내외분께 의사를 전달했다.

역 집사님의 기도 제목을 듣고 선교사님 부부가 똑같이 응답하던 대목에
선 숙연한 존경심마저 생기더군요. 한 사람을 살리는 데 기여하는 멋지
고 의미 있는 일에 쓰임 받음을 감사해하며 6시간 동안 수술에 임하는 장
면은 정말이지 감동이었습니다.

그런데 2025년 6월, 선교사들의 쉼과 회복, 재충전을 위한 미주 누리
보듬 힐링캠프(Healing&Mentoring camp)에 초대할 세 가정 중 하나로 선정되
었다며 저희에게 항공권을 보내주셨습니다. 10월 17일부터 27일까지 모
든 일정에 대한 섬김도 약속하시면서요. 안식월이나 안식년도 가지지 못
한 채 12년째 사역을 하다 보니 탈진 직전인 저희에게 놀라운 하나님께
서 주신 '축복의 선물'이었습니다.

LA와 샌프란시스코 등 열흘 간의 캠프는 눈물겹도록 행복했던 위로
와 충전의 쉼이었습니다. 단풍이 물드는 요세미티 국립공원과 아름다

운 서부 해안가를 따라 달리며 눈에 담았던 풍경들은 라오스를 잠시 잊게 해주었습니다. 누추한 저희를 귀히 여겨 주시고, 사랑으로 품어주신 O. I. L(Only in Love) 선교회 이사들과 회원들의 세심한 준비와 넉넉한 사랑은 감동 그 자체였습니다. 바쁜 이민 사회에서 아낌없이 내주시고, 식사에 초대하여 정성껏 대접해 주신 손길들을 저희는 결코 잊을 수 없습니다. 더욱 감사한 일은 캠프에 초대된 세 가정 모두가 처음에는 '우리가 왜 주인공으로 초대되었는지, 그 자격이 있기는 한 건지' 의아해하면서도 시간이 지날수록 서로가 친밀한 위로자가 되었다는 것입니다.

토속, 무속, 마약, 총기 사고가 빈번한 남아공의 케이프타운 우범지역에서 어린이 중심의 현지인 교회를 개척하고, 17년째 사역 중인 한 선교사 부부는 근거 없는 소문과 모함으로 8년 동안 한국인을 만나지 못한 채 외로운 시간을 가족들끼리 견뎌야만 했답니다. 또 다른 가정은 7년 동안 남아공 노숙인과 빈민촌 선교 사역을 한 후, GMP 한국본부에서 부대표로 사역하다가 2022년 11월, 선교사에게 뇌종양이 발견되어 세 번의 수술을 받았답니다. 그리고 조금 호전되나 싶어 2025년 2월, 새로운 땅인 말라위 파송을 준비하던 차에 2, 3차 뇌출혈이 찾아왔답니다. 현재는 선교관과 지인의 임대주택을 전전하며 요양 중인데, 해외 선교지를 향한 갈급함과 간절한 사모함이 넘치지만, 건강상의 위험으로 끝내 나서지 못하게 된다면 국내 시골이나 섬의 미자립 교회 사역을 위해 기도하고 있답니다. 배울 점과 닮고 싶은 부분이 많은 두 가정과의 만남은 저희에게 새로운 활력과 긍정적인 자극제였습니다. 그래서 세 팀은 2026년 10월, 남아공에서 다시 모여 이번 캠프의 은혜를 되새기고, 새로 선정되는 다음 기수 후배들에게도 사랑을 흘려보내기로 약속했습니다.

각자의 선교지에서 외롭고 힘겨운 시간을 이어가던 세 가정을 새롭게 세워주신 고마움을 기억하며 저희는 다시금 다짐하고 약속드렸습니다. 주변에 스쳐지나가는 나그네들의 필요를 발견하고 작은 미소와 손길을 건네는 일을 멈추지 않겠노라고. 그리고 받은 사랑을 라오스의 장애가 있는 이웃들에게 차고 넘치도록 흘려보내겠노라고. 끝으로 김토성 선교사님 부부와 진정한 섬김의 꾼(?)들이신 이사진과 회원분들께 진심으로 격하게 감사를 드립니다. 여러분들이 이 책을 쓸 수 있도록 용기를 주셨습니다. 힐링캠프를 마치고 라오스 복귀 후 석 달 동안 책상에 앉을 힘을 얻었거든요.

딴텅교회와 건축 지원 보고서

중중장애인 '캄버'는 라오스에 정착한 지 한 달 되던 2014년 12월 16일에 처음 방문한 가정에서 만났습니다. 그리고 그 이후 방문했을 때의 일화가 지금도 생생합니다. 중중장애를 가져 누워만 있는 딸에게 성경책을 읽어 주던 엄마가 저를 보더니 갑자기 예수 믿으라고 해서 몹시 당황했었습니다. 이후 신분을 밝히기도 했거니와 단기팀들이 오면 수시로 함께 가서 지원받을 수 있도록 안내하고, '캄버'의 오빠인 '팀' 목사가 시무하는 딴텅교회에 직원 '팽'을 보내 세례도 받도록 했습니다. 또한 2021년 8월부터는 육아 휴직한 '팽'의 추천으로 '팀' 목사 여동생인 '누'가 센터 직원으로 출근했습니다.

시간이 흘러 2023년 10월, 라오스에 오신 양산 새빛교회 당회원들과 딴텅교회를 방문했는데, '팀' 목사가 교회 건축에 대한 기도 제목을 내놓자 함께 기도하겠다고 약속해 주셨습니다. 조감도와 예산까지 발표 자료를 준비해서 마치 저와 미리 말을 맞춘 거 같아 몹시도 당황했답니다. 그리고 2024년 6월에 '두발로선교회' 소속 동료 목사들과 다시 방문하신 김오룡 목사님께서는 이번에는 '거룩한 부담감'을 갖겠노라며 안아주셨습니다. 그리고 두 달 뒤 건축 지원에 대한 저의 의견을 전화로 물으셔서 사진을 첨부한 보고서를 보내드렸습니다. 이로써 2024년 10월부터 딴텅교회 건축이 본격적으로 시작되었습니다.

이제 시간이 흘러 하나의 완성된 그림을 보고 있으니 이해되지만, 그땐 정녕 몰랐습니다. 다음은 그때 제가 작성한 보고서 내용입니다.

라오스 '딴텅교회' 건축 지원에 대한 소고(小考)

1. 교회 이야기

담임목사 '팀'은 2014년 2월, 4년제인 태국의 '나컨파놈 기독대학교'를 졸업하고, 2022년 8월 15일 목사 안수를 받았습니다. 이후 평일에는 라오스의 한국계 자동차 기업인 '코라오 그룹'에서 IT 관련 일을 하고, 사모가 가구 회사에서 일해 모은 돈으로 2019년 중고 스타렉스를 8,000달러에 구입해 현재 교회 차량으로 사용 중입니다.

2005년 '팀' 목사의 부모는 선대가 물려준 땅을 팔고, 지금의 동네에

1,824m² 크기의 땅을 구매하여 살고 있습니다. 농사를 짓던 부모가 복음을 받아들이면서 네 자녀들은 어려서부터 신앙생활을 했습니다. 그리고 '팀' 목사는 신학대학 입학 전인 2012년 부모 집에 딸텅교회를 개척하여 지금까지 담임하고 있습니다. 약 50여 명의 교회 성도들은 대부분 봉제공장 노동자, 군인, 농부들로 태국에서 일하는데, 한 달에 한 번씩 비자 갱신을 위해 라오스에 방문하여 예배에 참석합니다.

매달 교회 헌금은 200달러 정도로, 담임목사는 에어컨 설치와 청소, 배송, 번역 등으로 230달러, 현재 코카콜라에서 회계 업무를 담당하는 사모의 월급은 370달러로 총 600달러 정도를 벌고 있습니다. 지출은 지방 선교 사역을 위해 새로 산 픽업 트럭 할부금 300달러, 주일 점심 제공 200달러, 유류비로 100달러를 사용하고 있습니다.

교회는 선교비로 미국 헴먼침례교회에서 50달러, 라오스 베로아침례교회에서 50달러, 필리핀 베로아침례교회에서 20달러, 미국 바나바복음주의센터에서 100달러 등 매월 총 220달러를 지원받고 있으며, 매월 보리캄싸이 지방에서 활동하는 두 명의 사역자에게 40만낍, 싸이쏨분 지역의 사역자에게 20만낍, 비엔티안 근교의 사역자에게 20만낍, 아프리카 교회에 20달러를 선교비로 지출하고 있습니다.

아동부는 현재 사모와 그녀의 여동생이 교육하고 있으며, 같은 신학대학을 졸업한 '짠타이'가 담임목사를 도와 전도사 역할을 감당하고 있습니다. 또한 이 둘은 태국에서 신학 공부하기에는 형편이 어려운 이들을 모아 인근 지역 교회에서 4년 동안 비정규 특별 수업으로 학생들을 가르치고 있습니다.

한편, 2022년 8월 8일부터 건축에 대한 기도를 시작한 교회는 외국의 후원 교회와 신학대학 등 7곳에 1만 달러의 도움을 요청했으나 아직 답변을 듣지 못했다고 합니다. 총 건축비 예산을 4만 5천 달러로 예상하는데, 현재 교인들과 특별 헌금 등으로 모은 건축 헌금은 2천 달러입니다.

2. 저희 부부와의 만남

이 가정과의 만남은 2014년 12월, '팀' 목사의 여동생이자 매우 심각한 중증장애를 가진 '캄버'를 통해서 이루어졌습니다. 마을별로 다니며 장애인을 찾던 우리에게 사랑하는 딸 옆에서 기도하며 성경을 읽던 '팀' 목사 어머니의 모습은 참 각별했습니다. 2019년 4월 27일, '캄버'가 천국으로 가자 더 이상의 만남은 이어지지 못할 거라고 판단했습니다.

그런데 어머니의 부탁으로 '팀' 목사의 또 다른 여동생이 센터 직원으로 2021년 8월에 오게 되었고, 장애가 있는 언니를 돌보았던 마음이라면 다른 장애인도 잘 섬길 수 있을 거라고 판단되었습니다. 그러다가 2023년 9월, 새 오토바이를 선물할 정도로 믿음직한 직원이 된 '팀' 목사의 여동생 '누'는 YO-JO 장애인센터에서 가장 핵심 직원으로 성장해

센터와 딴텅교회의 중간 가교역할을 수행하고 있습니다.

코로나 기간이던 2020년 11월, 송도 좋은교회에서 보내주신 특별 선교비 중 100만 원을 딴텅교회의 피아노 구입비로 전달했습니다. 기타와 피아노 연주에 달란트가 있는 담임목사가 아주 오랫동안 간절히 기도했던 제목이었다고 하더군요. 딴텅교회 외에도 시민농인교회 사역자인 '분홈'의 고향 교회와 비엔티안 젊은이들의 예배 공동체인 모퉁이돌교회 등 세 곳의 현지인 교회 아동부에도 지원을 하였습니다. 라오스 현지인 사역자들을 겪은 저희 부부에게 딴텅교회는 분명 하나님이 사랑하시고 인도하신다는 확신이 있습니다. 모쪼록 계획하신 하나님의 뜻에 순종하며 딴텅교회와 YO-JO 장애인센터&시민농인교회와 양산 새빛교회가 연합하여 선을 이루길 기도합니다.

3. 건축 지원에 대한 조언

사랑하는 새빛교회 성도들의 귀한 선교비가 바르고 귀하게 쓰일 수 있도록 아래와 같이 제안합니다. 이는 3년 2개월 동안 건축에 임해온 저의 경험이자, 온전히 라오스 상황과 문화를 고려한 충언임을 고려해 주십시오.

1) 건축회사 선정은 저와 3년을 함께했던 소규모 자영업 건축업자 '껀'

을 추천합니다. 정직하고 성실하며 한국인들과 여러 차례 협업 경험도 있어 신뢰할 수 있는 라오스인입니다.

2) 건축비를 일시불로 지원하지 마시고, 3차례로 나누어 단계별로 도와주시길 바랍니다.

3) 계획하시는 총액의 지원이 부족할 시 이후의 책임과 감당할 몫은 오롯이 딴텅교회 교인들에게 있음을 강조하여 그들 스스로 헌신하도록 유도했으면 합니다.

그리고 저희 부부는 매달 2회, 건축 현장에 대한 감사와 영수증을 포함한 회계 내용을 사진과 함께 새빛교회에 보고드릴 것입니다. 또한 수시로 담임목사와 소통하며 애로사항을 전달하고, 새빛교회의 건축 지원에 대한 소중한 진의를 대변할 계획입니다.

8

작정(作定)

2024년 10월부터 시작한 딴텅교회 건축이 2025년 6월 말 비로소 마무리되어 입당 감사 예배를 드렸습니다. 저희는 급히 필요한 본당 빔프로젝터와 아동부실 칠판을 선물로 보내고 축하를 전했습니다. 태국을 비롯한 여러 교회에서 온 믿음의 가족들이 준비해 온 감사 찬양을 드리며 기쁨을 나누었습니다. 예배 중 예상치 못한 과일바구니를 선물하며 저희 부부에게도 감사 인사를 전하더군요. 예배 후에는 쾌적한 환경에서 모두가 환한 얼굴로 '식탁 공동체'를 이루는 풍경을 보니 기쁘고 감사했답니다.

드디어 9월 3일, 딴텅교회 건축을 지원한 경남 양산의 새빛교회 열세 분의 교우들이 봉헌 감사 예배를 위해 오셨습니다. 평일 저녁, 노을빛을 머금은 아담한 기념 현판이 유독 아름다웠습니다. 그 안에 담긴 귀한 '하나님 사랑'과 새겨진 '이웃 사랑'을 그분은 아실 것입니다. 두 교회의 특별 찬양 사이에 센터 직원들의 수화 찬양과 시민농인교회 농인들의 무언극이 다리 역할을 하며 더 큰 감동을 전했습니다.

저는 둘째 아들이 반주하는 피아노에 눈길이 내내 머물렀습니다. 수년 동안 기도하며 원하던 피아노를 보내주시고, 교인들의 간절한 기도와 건축을 감당하기에는 너무도 연약한 교회 사정을 아시고 양산 새빛교회를 동역자로 세워주신 피할 수 없는 하나님의 은혜에 가슴이 먹먹해 감사의 눈물이 흘렀습니다. 김오룡 담임목사님과 이 교회 간의 만남과 과정을 곁에서 본 저로서는, 이토록 치밀하게 인도하시는 하나님의 섭리에 시민농인교회를 봉헌하던 때만큼이나 감격스러웠습니다.

지난 과정들을 돌이켜보니

모든 시간마다

촘촘히,

겹겹이,

그분의 세밀하신 인도하심이었으며,

'온전한 사랑'의 기름 부으심이요,

완벽한 하나님의 작정(作定)이십니다!

　　라오스에 오셔서 이 감격을 함께 누리신 새빛교회 단기 선교팀원들은 YO-JO 장애인센터 아이들에게도 넉넉한 사랑을 나누어 주셨습니다. 장애 아동들은 전문 미용인의 따뜻한 손길로 촌티를 벗고, 솜씨 좋은 권사님들의 정성스러운 손맛으로 김치, 김밥, 떡볶이의 원조인 한국의 맛을 경험할 수 있었습니다. 은혜와 사랑이 넘쳤던 일정을 마치고 귀국하신 새빛교회 당회에서는 2026년부터 이중직을 겸하는 '팀' 목사에게 선교비 지원을 시작하셨고, 딸텅교회의 어떤 어려움과 고난도 함께 보듬어 주시겠다고 약속해 주셨습니다.

　　여기서 끝이 아닙니다. 2025년 12월 둘째 주일 아침에 선교·장학 헌신 예배 강사로 저를 초대해 주셨습니다. 라오스에 정착한 후 한겨울에는 한국에 나가본 적이 없어 당혹스러웠지만, 깊은 뜻이 있으리라는 생각에 순종했습니다. 3박 4일 일정으로 급히 홀로 나가 〈요한복음〉 13장의 1~5절 말씀을 토대로 '가야 할 때'라는 제목으로 설교했습니다.

　　도입 부분에서 전철 탄 경험을 나누었습니다. 제 옆에 한 노숙인이 앉으며 검정 비닐봉지 3개를 조심스레 내려놓더군요. 저는 내용물이 몹시 궁금하여 조용히 일어나 바라보았습니다. 그런

데 아무리 봐도 제 눈에는 쓰레기로만 보였습니다. 순간, 하나님의 시선이 염려되었습니다. 우리가 인생을 살아가며 소중하다고 생각하는 것들을 하나님께서는 쓰레기로 보실지도 모르고, 노숙인처럼 쓰레기에만 집중하는 삶을 살다가는 건 아닌지 돌아보게 되는 시간이었다며 그 교훈을 나누었습니다.

그리고 담임목사님께서 예배 후에 한 가정과 면담하는 자리를 마련하셨습니다. 라오스에 두 번 방문하셨던 유명룡 은퇴 장로님 가정의 큰딸과 사위, 그리고 미혼인 유혜란 자매님이셨습니다. 이야기를 나누다 보니 양산 산림항공관리소에서 18년째 근무 중인 자매님이 시민농인교회와 YO-JO 장애인센터를 위해 큰 금액을 헌금하시며 일부러 저를 강사로 초대했던 것임을 알게 되었습니다.

그 자매님은 2023년 6월, 처음으로 새빛교회를 방문하여 장애인 사역을 소개한 우리를 기억하시고, 농인교회와 장애인센터 사역에 귀를 기울이셨다고 합니다. 그리고 단기 선교팀의 일원으로 참여한 후, 직접 경험한 센터의 장애 아이들이 자꾸만 머릿속에 떠올라 기도하게 되었답니다. 이런 중보 기도는 농인들과 장애 아동들에게 힘이 되어 주고 싶은 '거룩한 부담감'으로 다가왔고, 결국 결혼 자금으로 모아둔 큰 금액을 헌금하기로 결단하신 것이었습니다. 그 자매님보다 오히려 주변 사람들이 더 걱정하며 거듭 고민해 보길 강권했지만, 하나님께서 주신 마음으로 봉투를 전달한 후 오히려 더 평안함 가운데 있노라고 고백하셨습니다.

이 사연을 듣고 가슴이 벅차오르며 어디에 사용할지를 두려워하던 제게, 기도하시며 꼭 필요한 곳에 정성껏 사용해 달라던 자매님의 목소리가 귓가에 아직도 생생합니다. 어찌 그 정성 가득한 나눔을 잊겠으며, 함부로 사용하겠습니까? 다시 한번 감사의 마음을 전하고 앞으로도 저희는 함께하는 이들의 헌신과 사랑을 기억하며, 그 뜻을 존중하고 실행하도록 최선을 다하겠습니다.

파송교회 없이 12년을 선교지에 살면서 보낸 모든 시간은 주님의 '전적 은혜'가 아니고서는 도저히 설명할 수 없습니다. 그러면서 경험한 저의 진심 어린 고백은 다음과 같습니다. 누군가를 돕는 모든 이들은 절대로 돈이 많아서도, 먹고살 만해서도, 은행 통장이 차고 넘쳐서도 아닙니다. 기꺼이 자신의 불편을 감수하며 '지극히 작은 자'를 기쁨으로 섬기기 때문입니다. 그리고 사회적 약자인 '지극히 연약한 이'들을 애써 찾아내 하나님의 사랑을 건넵니다. 그래서 부자들에게는 절대 쉽지 않은 길이지요. 주고, 더 주고, 또 주고, 다시 주되, 나중엔 건넨 사실마저 다 잊어버리는 것이야말로 하나님 아버지의 사랑이고, 믿는다는 우리가 건네야 할 사랑의 모범일 것입니다.

그 선한 사랑을 아낌없이 건네주신 또 한 사람! 그 한 분을 다시 보내주시어 혼자가 아님을, 수많은 동역자가 어깨동무해 주심을 고백하게 하신 하나님, 참 고맙습니다! 저희 부부의 들숨과 날숨마저 감사의 기도가 되길 바라며, 낮은 곳에 시선을 두고 좁은 문만 선택하는 무명의 그리스도인으로 이 길을 마저 걷겠습니다.

9

우리가 무엇이관대

"여호와여 사람이 무엇이관대 주께서 저를 알아주시며

인생이 무엇이관대 저를 생각하시나이까"(시 144:3 KRV)

'라오스'라는 광야에서 길을 걷게 하심은 내려놓음과 낮아짐, 홀로 둠, 길고 긴 어두움의 터널 속에도 포기 없이 나아가라는 '진정한 믿음의 진보'를 기대하셨기 때문일 것입니다. 그 고난의 과정 가운데 기댈 곳은 오직 주님뿐이었음을 고백합니다. 하나님께서는 전적인 신뢰와 선한 의지를 통해 좁은 문, 낮은 길만 추구하길 원하셨습니다. 그래야 사막에 길을 내고, 끝내 황무지에 꽃을 피울 수 있기 때문일 것입니다.

그분은 그 길을 추구하는 이에게 가장 크고 좋은 선물로 동역자들을 붙여주셨습니다. 그리고 함께하는 동역자들의 애씀과 수고의 상급 또한 동일한 가치로 인정하셨습니다. 이를 인정하지 않고 누군가 교만과 오만함으로 자기 스스로 일구어낸 것처럼 자랑하는 이가 있다면, 그는 정녕 우매한 자입니다.

돌아보니 장애인 선교의 모범적인 기본기를 체득하려던 젊은 날, 가장 선한 영향력으로 저를 품어 주셨던 '베데스다 장애인선교회'의 양동춘 목사님이 계십니다. 치기 어린 젊은 날을 곰곰이 돌아보다 너무도 감사하여 문득 연락을 드린 후, 한국에 갈 때마다 찾아뵙고 식탁 공동체를 가지고 있습니다. 그리고 라오스에서 그분처럼 진실로 장애인을 사랑하고 싶다고 고백하며 기도를 드립니다. 등대와 같은 인생의 참된 스승을 제 곁에 모실 수 있음은 실로 큰 축복이 아닐 수 없습니다.

또한 목회 현장에서 김광식 담임목사님께 배우며 함께했던 시간은 참 행복했습니다. 한없이 부족한 저를 끝까지 포기하지 않고 품어주신 그 사랑에 늘 감사드립니다. 인도로 떠난 아들 김영광 선교사님과 협력하며 목사님의 비전과 선교의 꿈을 이루어 가도록 애쓰겠습니다.

이제 성함을 밝히는 것이 누(累)가 될 정도로 너무도 고마운 동역자들을 소개하려 합니다. 책에서 이야기하지 못한 사랑하는 후원인들은 진실한 '무명의 그리스도인'들이시기에 원치 않으실 것 같아 이름을 밝히지 않겠습니다. 그래도 본인 이야기임을 아실 거라 생각합니다. 하지만 혹여라도 '왜 내가 돕는 후원은 언급하지 않지?'라는 서운함을 가지실 분이 계실까 싶어 노심초사(勞心焦思), 전전긍긍(戰戰兢兢) 중입니다.

· 라오스 정착도 요원하던 2015년 1월부터 6년 5개월이라는 긴 시간 동안 해외 선교에 대한 깊은 사랑으로 지원해 주셨던 인천 온누리감리교회 모(某) 은퇴 장로님께 깊은 감사를 드립니다. 장애인 선교에 대한 깊은 이해와 저희를 믿어주심은 선교 초반에 든든한 버팀목이 되어 주었습니다.

· 오토바이 사고를 두 번 겪은 후 트라우마를 겪던 2017년 말, 그토록 바라던 차량을 전적으로 감당해 주신 베데스다 농인 사역 출신의 전 선생님. 이후에도 세 차례나 주신 도움을 절대 잊지 못합니다. 농인들과 못다 나누신 사랑 이야기를 제가 성실히 이어가겠습니다.

· 2018년 11월, 최고의 교육 전문 회사인 'YJ교육' 직원 연수로 라오스에 오셨던 16명을 기억합니다. 코로나19로 잠시 멈췄지만, 다시금 이상적인 나눔을 실천하실 두 분을 사랑합니다. 당시 오셨던 고마운 김 선생님은 2019년부터 지금껏 농인 자녀 '빠너이'를 결연 후원하고 계십니다.

· 라오스에서 만난, 닮고 싶은 '믿음의 인생' 모델이신 김 장로님과 정 장로님 부부께는 오래도록 강건하시길 두 손 모읍니다. 존경하고 닮고 싶은 선배분들이 곁에 계신다는 사실만으로도 든든하고 포근해진답니다. 그리고 박 목사님 내외분과 한나네 연말 모임은 늘 기대가 됩니다.

· '분홈'의 유학을 감당해 주시고, 시민농인교회를 특별히 사랑해 주시는 김 선생님과 '비전고함' 친구 부부네랑 신앙의 색깔이 비슷하여 참 다행이고, 항상 사랑합니다.

· 경북 구미에 이토록 힘이 되는 동역자가 생길 줄 전혀 예상치 못했습니다. 매달 아들 이름으로, 부부 이름으로, 본인들 새 차량 구매가 미안해진다며 목돈을 보내시고, 센터 차량을 서두르라고 보내시고, 아직도 모자라냐며 또 목돈을 보내시는 사랑을 어찌 갚아야 할지요. 저희도 두 자녀를 위해 기도하며 '거대한 사랑'을 흘려보내겠습니다. 지인들에게까지 저희를 소개하고 추천하시어 동역자로 세워주심도 정말 감동입니다.

· 평생 농인 남편의 입술이 되어 주시고, 본인의 환갑을 맞아 감사헌금을 보내시며 농인들을 위해 써달라던 유 사모님의 그 마음이 너무

도 아름다우십니다.

·처남과 같은 자동차 회사에 다니시는 분의 가족들이 선교 여행을 오셨다가 막 전역했던 아들은 군에서 모아둔 용돈을 후원하고, 아버지는 회사 신우회를 연결하여 돕고, 젊은 시절 거제 애광원에서 근무하셨던 어머니는 매일 블로그를 보시며 따스한 격려를 해주고 계십니다. 참 고마운 분들이 계셔서 정말 행복합니다.

·한 특수교사 부부는 오랜 기간 급여의 십 분의 일을 선교비로 보내주시고, 장애 아동들에게 보드게임을 가르쳐 보라시며 신제품이 나올 때마다 라오스로 먼저 보내주고 계십니다. 쌍둥이 하랑이와 하온이를 라오스에서 만날 날을 기대하며, 사랑 가득한 가정이 되시길 손 모아 기도하겠습니다.

·본인도 선천성 시각장애인으로 두 아들 키우랴, 뇌졸중이 찾아온 남편 재활치료 도우랴 넉넉한 살림이 아닐 터인데, 라오스 시각장애인과 발달장애인 등 세 가정을 결연 후원하는 분이 계십니다. 이런 분이 계시는데 제가 어찌 허투루 사역에 임하고, 매달 보고를 게을리하겠습니까.

· 못난 선배를 30년 넘게 따르며 섬겨주는 두 후배는 이제 사회적 지위가 저보다 높은데도 늘 순종해 줍니다. 교수가 된 후배는 《익숙한 두려움》에 이어 이번 책의 교정도 자청해 주었고, 다른 후배는 연말마다 목돈을 보내오고 있습니다. 이 어여쁜 후배들의 사랑을 어찌 갚을지 막막합니다.

· 충북 증평에는 같이 나이 들어가는 제자들과 30년 전 호흡을 맞췄던 교사들이 여럿 있는데, 여전히 큰 도움을 주고 있습니다. 이름은 밝힐 수 없지만, 정말 눈물겹도록 감사하고 사랑한다고 전하고 싶습니다. 같은 한화 이글스의 야구팬으로, 2026년 우승을 응원합니다.

· 경기도 하남에도 진국인 제자가 있는데, 하나님을 사랑하는 그 마음이 얼마나 아름답고 순결한지 때로는 제가 더 많은 교훈을 얻는답니다. 고맙고 사랑해♡

· 수해 피해를 당한 장애인 가정을 도와주라시며, 장애인 병원비에 써달라시며, 온수기를 설치해 주라시며, 휠체어를 사주라시며 등 '세심하고 따스한 사랑'을 흘려보내시는 성함도 모르는 '무명의 그리스도

인'들의 사랑을 경험하며 일부 극우 기독교인들로 인해 저평가되고 오해받고 있는 믿는 이들의 '십자가 사랑'에 너무도 가슴 시립니다.

"가난은 나랏님도 구제 못한다"고 합니다. 저희가 섬기는 장애인들은 입원하면 센터로 병원비 영수증을 보내옵니다. 그러면 저희가 지원을 해주고, 수술이 필요하면 당연히 특별한 도움을 줍니다. 농인, 장애인 가족을 먼저 하늘나라로 떠나보낸 가정을 지원함에도 늘 최선을 다합니다.

장애인 가정의 보수·신축 공사에도 늘 마음을 씁니다. 시각장애인 '껑'의 경우, 2014년에 홀로 살 집을 지어주었고, 2021년에는 오랫동안 사모한 여성이 아들 하나 낳고 버림받자 같이 살고 싶다기에 증축 공사로 세 식구의 보금자리를 마련해 주었습니다. 여전히 왕복 8시간 넘게 수레를 끌고 다니며 땔감 등을 팔지만, 이젠 눈이 되어 주는 아내가 있어 얼마나 감사한지 모릅니다. 쉬는 날이면 세 식구가 늘 걸어서 센터로 식사하러 옵니다. 그나저나 그때는 '껑'네 동네에 센터를 세울 줄 정말 몰랐습니다.

학생 때 뇌 손상을 입은 '캄라'에게 세월이 흘러 낡고 오래된 방을 허물고 신축해 주기도 했습니다. 지금 되짚어 보니 장애인 가정마다 저희 손길이 닿지 않은 집이 거의 없습니다. 와달라는 이는 없어도 갈 곳과 챙겨야 이들이 너무 많아 행복한 비명을 지릅니다.

그러던 중 2025년 연말, 집에 데리러 갈 때마다 지적장애가 있는 '무'가 보이지 않더니 연로하신 엄마가 돌아가신 이후부터 홀연히 자취를 감추었습니다. 그 흔한 핸드폰도 없기에 연락도 못하고 수소문만 하던 차에 가족이 포기하여 버려진 채 정신장애인 수용 시설[32]에 있다는 소식을 접했습니다. 그래서 2026년 1월 마지막날, 시설로 며느리를 급히 보내 알아봤습니다. 더 가슴 아픈 것은 연로한 홀아버지와 사는 다운증후군 '톤'과 부모 이혼 후 사이가 안 좋은 새아빠랑 동거하는 '먹'이 그다음 차례가 될지도 모른다는 사실입니다.

창살 쳐진 감옥과 같은 시설에 갇힌 '무'의 사진을 매일 한 번씩 들여다보며 지혜를 달라고, 움직일 힘과 용기도 구해봅니다. 2월부터 이 시설에 식사 봉사를 가며 차근차근 준비하여 버려진, 또는 버려질 이들을 위한 '장애인 그룹홈[33]'까지 나아가려 합니다. 사실, 직업재활의 바람직한 모델을 세운 후 그룹홈을 고려했는데, 순서가 뭐 중요하겠습니까. 다만, 끊임없이 쏟아부어야 할 막대한 예산보다도 스스로 태울 열정이 남아 있

---

32. 라오스 정부가 2013년에 개소한 비엔티안 구호센터는 현재 190명이 생활하고 있습니다. 대부분은 길거리나 마을을 떠돌던 정신장애인과 지적장애인들로, 신고받고 출동한 경찰이 센터로 인계한 경우입니다. 가족이 있어 센터에 위탁하면 월 7만 원 정도를 부담하고, 형편이 어려운 경우에는 가능한 범위 내에서 납부, 가족이 없는 경우에는 국가에서 1인당 하루 540원의 식비를 지원하고 있습니다. 장기간 치료와 약물 복용 후 상태가 호전되면 가정으로 돌려보내며, 경찰공무원 3명, 의사 1명씩 교대로 근무하고, 원생 중 1명이 식사를 담당합니다.
33. 지역 사회의 일반주택에서 장애인 3~4명이 함께 거주하는 시설로, 장애인의 자립을 돕기 위해 사회복지사가 상시 거주하는 거주형과 순회 지원하는 자립형으로 나뉘며, 라오스 문화와 상황에 맞는 모델을 설계하고 구축하렵니다.

는지가 걱정입니다. 그 열정도 현실 인식의 기반 위에서 출발하기에, 그리고 3년 2개월 동안 건축을 해보았기에 더더욱 두렵습니다. 빠듯한 한 달살이가 길어지면 맥이 풀리고 금방 지치는데, 새로운 방식의 도우심이 주어지길 기다려 봅니다.

▲ '무'가 수용된 비엔티안 구호센터에서 2026년 2월 9일부터 식사 봉사를 시작했고, 그날 뜻밖에 농인 '꼼'도 만났답니다. 어떤 도움을 건넬지 기도하고 있습니다.

저희는 라오스 장애인 곁으로 너무 늦게 온 것만 같은 미안함에,

장애인들에게 '선물 같은 하루'를 안겨주고 싶습니다.

연약한 부부의 작은 소망에 특별한 희망을 품을 수 있도록

일관되고 지속적인 사랑을 아낌없이 보내주시는 참된 위로는

하나님의 역사, 인도하심, 기름 부으심과 은혜이며

그 부르심에 응답하는 삶을 살아내시는

모든 후원 교회와 후원자님에게 깊이 감사드리고,

끝으로 사랑한다고 전하고 싶습니다!

대체 우리가 무엇이관대…

✤ 나오며

스스로에게 늘 한 가지를 묻습니다. 이 길에 진심이 담겨 있는지, 정성을 쏟고 있는지를요. 물론, 하나님께서 기뻐하신다는 확신의 길에 한해서요. '익숙한 두려움'을 떠나보내고, 스스로 설계한 삶이 옳다고 믿고 묵묵히 전진하면 어느새 길이 됩니다. 혼자 부르던 노래가 함께 걷는 이들이 어깨동무하면 어느 날은 함성이 될 것이고, 동행하는 이들이 늘어가면 황톳길도 더 넓혀지며 아스팔트가 덮일 것입니다.

늘 그러했듯이 저는 내일 아침도 뚜렷한 가치와 의미를 부여하며 살 것이기에 멋진 인생이며, 그 하루를 허락하신 이에게 감사를 고백하기에 복된 인생입니다. 그리고 매일 밤 혁명의 꿈을 꿉니다. 높은 사람, 많이 가진 자들을 끌어내리기 위한 투쟁이 아니라 느리고, 어눌하고, 혼자서는 걷지 못하고, 특별한 소통 방식이 필요하고, 누군가와 경쟁의 출발선부터 배려가 필요한 사회적 약자, 초라하고 볼품없이 낮은 이들의 지위를 회복시켜 주는 혁명 말입니다. 그리고 변화와 성숙을 향한 한 걸음

씩의 전진, 한달음의 진보를 추구하며 예수의 사명이었던 하나님 나라의 희망을 선포하길 원합니다.

그런데 몸은 누추해지고 마음은 낡아지고 있어 하나님께서 즐거워하심을 분명히 앎에도 불구하고, 매일 성장하는 YO-JO 장애인센터 아이들과 여전히 일자리가 없어 힘겨워하는 농인들을 위해 직업재활의 랜드마크 설립을 향한 발걸음을 떼어야 함에도, 승부도 나지 않은 1패를 미리 두려워하고 있습니다. 다른 이들에게 '익숙한 두려움'을 버리면 하나님이 더 좋은 만남을 보내주신다고 책에 쓰고선 자신은 가지가 부러질까 두려워서 나무에 앉지를 못하고 주변만 맴도는 새가 되었습니다. 새는 나무가 아닌 자기의 날개를 믿기에 서슴없이 나무에 앉는데 말입니다. 자기는 신을 안 믿으며 신을 믿으라는 종교 장사치와 다를 바 없습니다.

그래서 다시 지친 몸을 일으켜 세우고 전력을 다해 창조주의 인도하심과 도우심을 간구하려 합니다. 새로운 동역자들과 만나 함께 어깨춤을 추며 이 보람된 사역을 신바람나게 일구어 가길 원합니다. 두 아들들의 몫으로 미루지 않고, 하나님의 몽당연필이 되어 연필심이 다 소진될 때까지 쓰임 받고 싶습니다. 3전 전승을 목표로 두지 않고, 링 위에 쓰러져 1패를 떠안아도 괜찮습니다. 더 값진 것은 포기하지 않은 저의 도전일 것이고, 승패보다는 과정 가운데 모든 것을 쏟아냈던 저의 진심일 것입니다.

3전 2승 1패

초판1쇄 인쇄 | 2026년 3월 3일
초판1쇄 발행 | 2026년 3월 9일

지은이 | 김　요
펴낸이 | 김진성
펴낸곳 | 벗나래

편　집 | 이경일, 정서윤, 정주영, 원종필
표지 디자인 | 이새희
본문 디자인 | 임정호
관　리 | 정보해

출판등록 | 2012년 4월 23일 제2016-000007호
주　　소 | 경기도 수원시 장안구 정조로 1110번길 14-9, 302호(송죽동)
대표전화 | 02) 323-4421
팩　　스 | 02) 323-7753
전자우편 | kjs9653@hotmail.com

Copyright©by김 요, 2026

값 20,000원
ISBN 978-89-97763-74-0